地域批評シリーズ㉘

これでいいのか滋賀県

JN241458

まえがき

本書は2012年に刊行された地域批評シリーズ「これでいいのか滋賀県」に加筆修正を加えて文庫化したものである。

さて、これから一冊を通して滋賀県という地域の本質を明らかにしていくわけだが、そもそも滋賀県のポジションは「関西の日陰者」である。関西には「畿内」という地域呼称がある。京都、京都南部（山城）、奈良（大和）、大阪（河内・和泉・摂津）、兵庫南東部（摂津の一部）は畿内と呼ばれ、日本を代表する大都市圏に位置づけられてきた。ところが、滋賀（近江）は京都のすぐ隣にもかかわらず、畿内に含まれていないのだ。滋賀は古代に都が設けられ、中世には「近江を制する者は天下を制す」ともいわれた要衝の地。それなのに関西の中枢からハブられたのだ。そんなわけで滋賀の存在感は薄く、ヨソ者には「琵琶湖がある県」と呼ばれ、「滋賀って琵琶湖ばかりで陸地がほとんどないんでしょ」なんて勘違いされる始末。

滋賀がマイナーなのは「通過県」というのもあるかもしれない。昔から東海道、中山道、北国街道、西近江路といった陸路が通り、水路の琵琶湖があり、人の往来が活発だった。それゆえ滋賀人の代表格である近江商人は、優れた交通事情を利用し、積極的に外に出て財を成した。このような精神は今の滋賀県民にも息づいているが、人の通過県にして流出県でもある滋賀の印象は、どうしても薄くなってしまいがちだ。

ところが近年、滋賀に劇的な変化が起きている。湖南・湖東地域を中心に大企業の立地が進み、工業県へのシフトチェンジに成功。大阪や京都へのアクセスの良さからベッドタウンとしての人気が高まり、新住民も続々と流入した。その甲斐あって滋賀は近畿地方唯一の人口増加県となり、注目を浴びた。ついにマイナーな滋賀の下剋上が始まったのだ！　だが、ここに来てその勢いに若干陰りも出てきた。平均寿命が日本一（男性）になったのは朗報だが、裏を返せば超高齢化社会である。また、地方活性化の切り札になり得る観光も、京都のお隣なのにイマイチ振るわない……。

好調なようで何かと課題も多い滋賀。その将来が「三方よし」といくかどうか、その答えを見つけるため、滋賀の真の魅力を探っていこう！

滋賀県地図

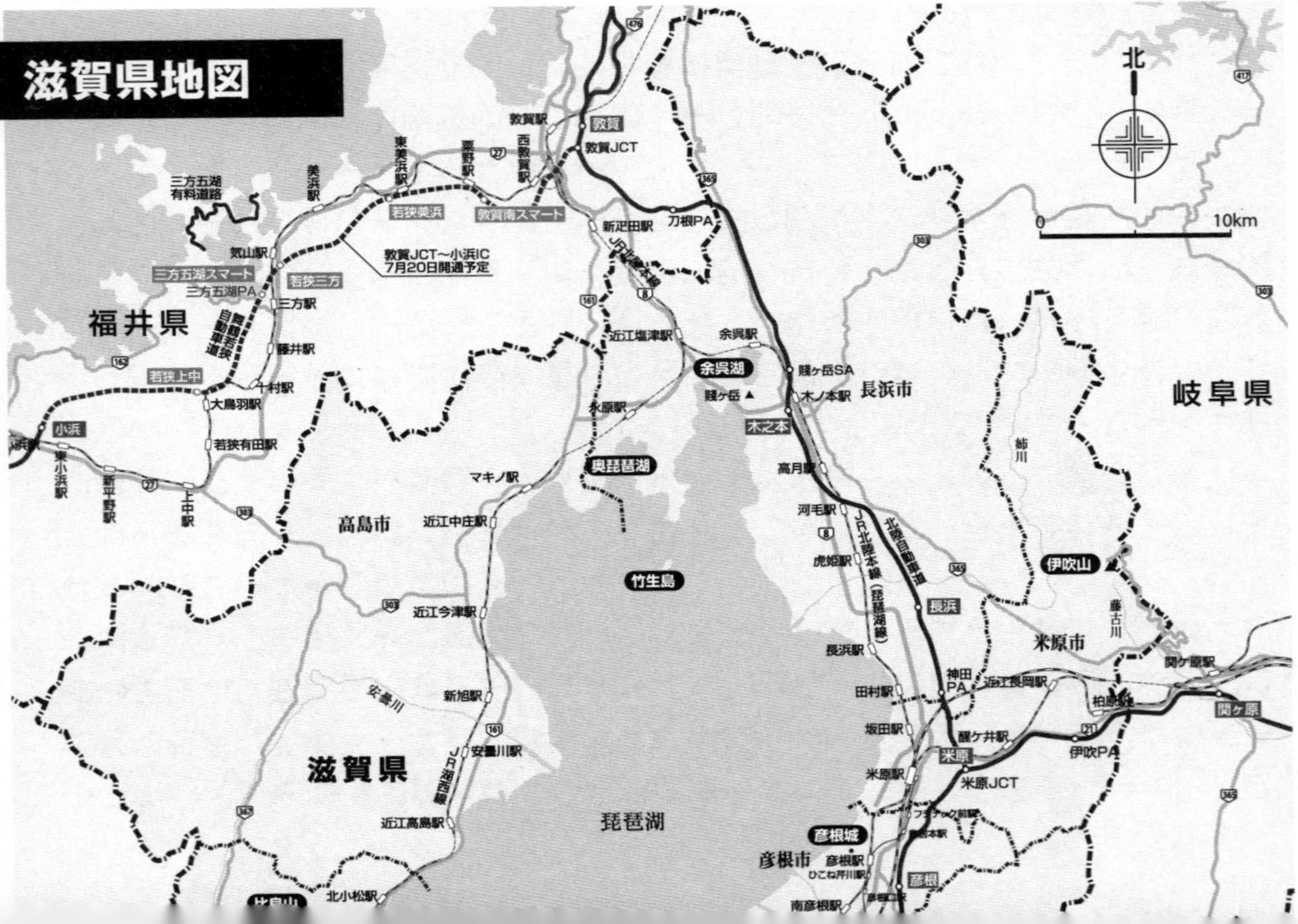

北
0
10km
福井県
滋賀県
岐阜県
三方五湖有料道路
敦賀駅
敦賀
敦賀JCT
西敦賀駅
粟野駅
東美浜駅
美浜駅
若狭美浜
敦賀南スマート
刀根PA
新疋田駅
JR北陸本線
気山駅
敦賀JCT～小浜IC 7月20日開通予定
三方五湖スマート
若狭三方
三方五湖PA
三方駅
舞鶴若狭自動車道
藤井駅
若狭上中
十村駅
大鳥羽駅
若狭有田駅
小浜
東小浜駅
新平野駅
上中駅
近江塩津駅
余呉駅
余呉湖
賤ヶ岳SA
賤ヶ岳
木ノ本駅
木之本
長浜市
永原駅
奥琵琶湖
マキノ駅
高月駅
河毛駅
高島市
近江中庄駅
北陸自動車道
JR北陸本線（琵琶湖線）
虎姫駅
竹生島
伊吹山
姉川
長浜
近江今津駅
長浜駅
米原市
藤古川
関ケ原駅
神田PA
近江長岡駅
安曇川
新旭駅
田村駅
柏原駅
関ケ原
坂田駅
醒ケ井駅
伊吹PA
安曇川駅
JR湖西線
米原
米原駅
米原JCT
近江高島駅
琵琶湖
彦根城
彦根市
彦根駅
ひこね芹川駅
彦根
北小松駅
南彦根駅

滋賀県
京都府
三重県
大津市
守山市
野洲市
草津市
栗東市
湖南市
甲賀市
近江八幡市
東近江市
蒲生郡
竜王町
蒲生郡
日野町
犬上郡
豊郷町
犬上郡
甲良町
犬上郡
多賀町
愛知郡
愛荘町
比叡山
比叡山ドライブウェイ
奥比叡ドライブウェイ
坂本ケーブル
びわ湖バレイ
ロープウェイ
八幡山
八幡山ロープウェー
三上山
▲(近江富士)
沖島
西の湖
琵琶湖大橋
有料道路
名神高速道路
新名神高速道路
伊勢自動車道
東名阪自動車道
京都東
大津SA
瀬田西
瀬田東
草津PA
草津JCT
草津田上
栗東
竜王
菩提寺PA
蒲生スマート
黒丸PA
八日市
湖東三山スマート
多賀SA
信楽
甲南
甲賀土山
土山SA
亀山JCT
関JCT
伊勢関
芸濃
鈴鹿
JR東海道新幹線
JR東海道本線(琵琶湖線)
JR草津線
JR関西本線
JR奈良線
JR紀勢本線
近江鉄道本線
近江鉄道八日市線
京阪電鉄京津線
京阪電鉄石山坂本線
信楽高原鐵道
現在運転休止
近鉄
湯の山線
志賀駅
蓬莱駅
和邇駅
小野駅
堅田駅
おごと温泉駅
比叡山坂本駅
坂本駅
唐崎駅
大津京駅
膳所駅
石山駅
瀬田駅
南草津駅
草津駅
栗東駅
守山駅
野洲駅
篠原駅
近江八幡駅
安土駅
能登川駅
稲枝駅
手原駅
石部駅
甲西駅
三雲駅
貴生川駅
甲南駅
寺庄駅
甲賀駅
油日駅
柘植駅
加太駅
関駅
亀山駅
井田川駅
下庄駅
新堂駅
佐那具駅
伊賀上野駅
信楽駅
水口駅
日野駅
八日市駅
長谷野駅
大学前駅
京セラ前駅
桜川駅
朝日大塚駅
朝日野駅
河辺の森駅
武佐駅
市辺駅
西藤原駅
湯の山温泉駅
京都駅
東福寺駅
稲荷駅
JR藤森駅
六地蔵駅
木幡駅
桃山駅
黄檗駅
JR小倉駅
宇治駅
新田駅
城陽駅
長池駅
山城青谷駅
山城多賀駅
玉水駅
三条駅
出町柳駅
宝ヶ池駅
八瀬比叡山口駅
鞍馬駅
山科駅
大津駅
浜大津駅
犬上川
愛知川
日野川
野洲川

滋賀県基礎データ

地方	近畿地方
総面積	4,017.38㎢
人口	1,336,743 人
人口密度	332.74 人 /㎢
隣接都道府県	福井県、岐阜県、三重県、京都府
琵琶湖の面積	670.25㎢
県の木	モミジ
県の花	シャクナゲ
県の鳥	カイツブリ
団体コード	25000-7
県庁舎所在地	〒 520-8577 滋賀県大津市京町 4-1-1
県庁電話番号	077-528-3993（総合案内）

※総面積は 2016 年現在。人口は 2018 年 6 月現在

●第5章●【新住民が激増する湖南地域は理想郷か!?】……175

●第6章●【近江の伝統が生きる湖東地域の苦悩】……207

第1章
滋賀県って どんなトコ？

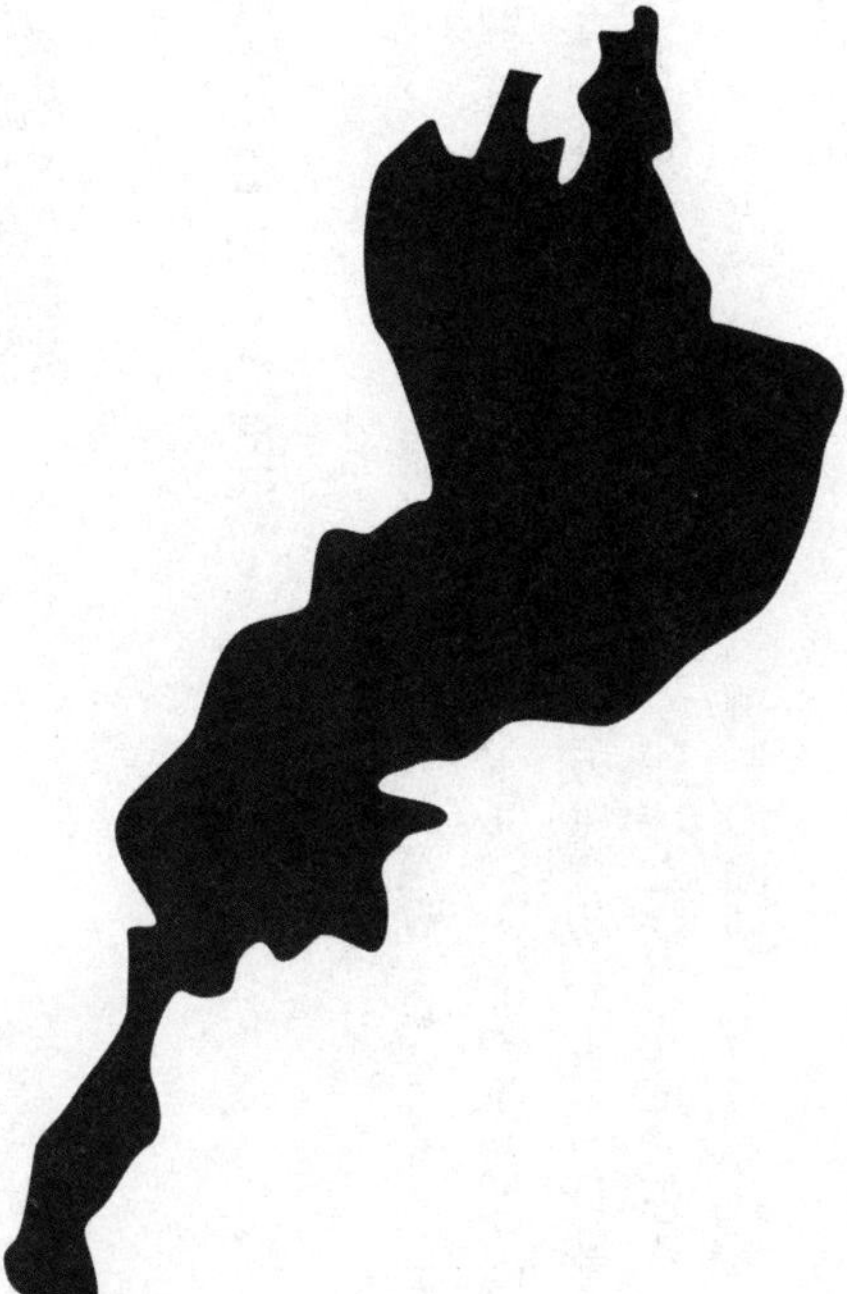

【琵琶湖】近江のシンボル！県民の母なる湖

滋賀のイメージはとにかく琵琶湖！

一般的に滋賀県でイメージされるものといえば「琵琶湖」である。ご存知の通り、琵琶湖は総面積670・25平方キロメートル、南北の延長距離が63・49キロにも及ぶ日本一大きな湖だ。ただ、琵琶湖＝デカいという印象がやたら強く、他県民からすると、滋賀県民は琵琶湖を除いた狭い陸地で暮らしているように感じられてしまうのだ。実際には、滋賀県の面積に占める琵琶湖の割合は6分の1程度なのだが。

というように、滋賀県民は何かと琵琶湖をネタにしていろいろとツッコまれてしまう。が、何をか言わんや！　県民にとって琵琶湖とは、アイデンティティの源といっても過言ではない「母なる湖」。滋賀が近江というのも、古代において琵琶湖が「近淡海（ちかつあわうみ）」と呼ばれたことが語源になっているように、まさに滋賀のシンボルなのである。

さて、そんな琵琶湖の歴史を見てみると、形成された時期は約400〜600万年前とされている（世界の淡水湖の中でも成立時期はかなり古い）。これを太古の琵琶湖「古琵琶湖（厳密には大山田湖）」という。現在の三重県伊賀付近で起きた地殻変動によってできた古琵琶湖は、北へ西へと移動を続け、約100万年前に現在の堅田付近に定着する。そして約30〜40万年前、堅田付近の土地が隆起して陥没した土地に水が入り込み、現在の琵琶湖が形成されていったとされる。現在の姿にほぼ定まったのは約1万〜1万5000年前で、完成した琵琶湖は以来、周辺の人々の生活になくてはならない存在となった。

古来から琵琶湖は大事な交易ルート

縄文人や弥生人は、文化が未熟で狩猟や農業を生活の基盤にしていたようなイメージがあるが、実際にはすでに縄文期から、倭人はアジア大陸や南方の島々と交流があったことがわかっている。水上交通は遥か昔から重要な移動手段であり、当地で暮らしていた縄文人も琵琶湖で漁をし、各地と交流していたと考えられている。彼らが漁や移動手段として使ったとされる丸木舟も、「湖底遺跡」と呼ばれる松原内湖遺跡などから見つかっている。

弥生期に入って、首長が治めるムラや集落ができると、より広域的な交易が行われるようになった。瀬戸内海↓大阪湾↓淀川↓宇治川↓瀬田川↓琵琶湖↓北陸↓日本海という、のちの北前船の輸送ルートにもつながる水上ルート（若干陸路は通るが）は、この頃すでに利用されていたと考えられている。

古墳時代に入っても、九州から瀬戸内海を通り、琵琶湖を抜けて日本海へと出るルートは、列島横断の重要な幹線として利用されていたようで、琵琶湖は陸路併用ながらも、2つの海を結ぶ現在のスエズ、パナマ運河のような重要な役割を担っていた。

さて、ヤマトが唐の制度を導入して国家の形を整えるようになってくると、陸路による交通体系の整備に乗り出していく。こうしてさまざまなモノの輸送に陸路が使われるようになったが、8世紀くらいになり、陸路の不便さがあらわになってくると、再び海路や水路が主要な輸送・交通手段となっていった。その中で琵琶湖の水運は、平城京の造営に使う資材の輸送手段として、のちの平安京においては京への物流手段として使われ、大いに重宝された。

またこの時期、琵琶湖から流れ出す瀬田川にかかる「瀬田の唐橋」は、京都の重要な防衛線であった。これは唐橋自体が重要な幹線道路だったというほかに、この場所が琵琶湖水運の要衝だったことも無関係ではないのである。

天下を制するには琵琶湖を押さえろ！

古くから活発に湖上交通が営まれた琵琶湖の沿岸には大小の港（津）ができたが、北陸方面から京都に運ばれる荷物は、北陸道の敦賀津から琵琶湖北岸の塩津を中継点にして船で大津に運ばれ、京都に届く仕組みになっていた。

そうした中、室町期から戦国期にかけて湖上交通を統制するようになったのは堅田（現在の大津市）の廻船人たちであった。いわゆる「堅田衆」と呼ばれる者たちは独自のルールを設け、琵琶湖で船を航行させる際、堅田に何も挨拶しなかったり、礼銭を払わなかったりすると、積んだ荷物を武力を使って差し押さえるなど、まるで海賊のようにふるまっていたという。この堅田衆を押さえて、琵琶湖のネットワークを手中に収めたのが織田信長である。

戦国期、多くの武将が琵琶湖の水上権を握ろうとした。天下を狙う武将にとって、琵琶湖の水運を掌握することは、経済的、政治的、そして軍事的にも必要不可欠なことだった。信長が琵琶湖中央東岸の安土に城を築いたのも、そうした意図があったからである（当時の安土は陸上交通の要衝でもあった）。信長は海賊まがいの堅田衆の特権を認める代わりに、軍船や物資輸送などの軍事負担を堅田衆に強いた。湖北での浅井との戦いで信長の軍事力を下支えしたのは、信長の「湖上水軍」と化した堅田衆である。

しかし、信長は天下統一半ばで斃れ、後を継いだ羽柴秀吉は堅田衆から特権を取り上げて琵琶湖の水上権を掌握し、新たな組織として「大津百艘船」をつくって特権を与え、大津を湖上交通の拠点に定めた。こうして大津は物流都市として栄え、のちに京都に負けないほどの繁栄を誇ることになる。

ところが、大津百艘船の制度は豊臣政権から江戸幕府へと引き継がれはしたものの、彦根に井伊家が入ったことで様相が変わった。彦根藩は、藩の御用船を係留する港として松原、長浜、米原の「彦根三湊」を保護。彦根三湊は大津百艘船の湖上ルールを守らなかったため、両者に軋轢が生じた。最終的に大津百艘船側は彦根三湊側に屈服し、特権を失ってみるみるうちに衰退していった。

とはいえ、江戸期は琵琶湖の湖上交通そのものが衰退した時代でもあった。江戸初期に、幕府の命を受けた河村瑞賢が新たな海路（東廻・西廻海運）を開拓。太平洋と日本海に新たな航路が整備され、菱垣廻船や樽廻船といった船の発達や、近江商人が実権を握っていた北前船の独立営業も重なり、陸路を併用する琵琶湖水運の重要性が低下していった。

いつの時代も囁かれる琵琶湖の大運河構想

それでも水運が重宝されていた時代はまだ良かったが、近代以降、鉄道や道路などの陸上交通網が発達・整備されたことで、琵琶湖水運は、ついにその使命を終えることになった。そして1890年に京都へ水を送る琵琶湖疏水が開通。琵琶湖は「近畿の水がめ」という役割に変わっていった。

しかし、昭和40年代に工場用水や生活排水で琵琶湖の汚染が叫ばれるなか、琵琶湖と日本海を結ぶ運河を掘削する構想が持ち上がった。結局うやむやになったが、こうした大運河構想は古来からあったのだ。平清盛、豊臣秀吉、そして徳川家康が、琵琶湖と日本海を結ぶ運河をつくろうとして壮大なプランをぶち上げ、最終的に断念しているのである。

そんな歴史を繰り返すかのように、平成に入って再び運河構想が持ち上がったという。工事の難しさなどさまざまな障害があって実現しなかったが、運河自体そもそもつくる必要性がないものだ。琵琶湖水運の復活といっても非現実的だし、海とつながったりしたら生態系に影響を及ぼす可能性もある。琵琶湖には約50種の魚と約40種の貝が生息しており、琵琶湖ならではの固有種もいる。そうした生物に影響が出れば、鮒ずしなど滋賀伝統の食文化が消えることになるかもしれない。大運河はロマンだが、固有種を喰らう雑食のブラックバスやブルーギルより厄介な代物だろう。

琵琶湖から流れ出る瀬田川に架かる瀬田の唐橋は、古代に「畿内の関所」にあたる役割を果たした。1988年には7世紀の橋の基礎部分が発見され、朝鮮半島の技術で架けられたものと判明した

琵琶湖に程近い彦根山に築かれた彦根城。彦根藩を治めた井伊家は、藩初から松原、長浜、米原の「彦根三湊」を保護したことで、湖上交通の権限を独占していた大津百艘船との間に軋轢が生じた

【近江商人】現代にも通じる規律と道徳と行動様式

滋賀県民の人格は近江商人に起因する⁉

滋賀県民の気質を語る上でよく引き合いに出される「近江商人」。滋賀県民が「冷静」「慎重」「計算高い」なんていわれたりするのは、近江商人の商人気質が受け継がれていると思われているからだ。他方で滋賀県民が「がめつい」や「ケチ」といったネガティブな見方をされることもあるが、それは近江商人に対する一般的なイメージがかなりえげつないせいでもある。「近江商人の通ったあとは草も生えない」「近江商人は骨までしゃぶる」「近江は盗賊、伊勢は物乞い」と、近江商人はまるで極悪非道な金の亡者のごとし。しかし、これらの悪評は「誤解と偏見に満ちている」と古い滋賀県民は言う。彼らにしてみれば、近江商人に対する悪評は、いわば成功者への単なるやっかみ。近江商人の優秀さを逆に証明しているのようなものだから、心外と思いつつも意に介していなかったりするのだ。

さて、そんな近江商人の出自だが、これがけっこう謎めいている。誰（どういった人たち）が近江で商いを生業にしていったのか判然としないのだ。発祥については平安時代にまで遡るといわれているものの、近江商人が歴史の表舞台に姿を現わすのは、国内に貨幣経済が浸透してくる鎌倉時代以降で、室町時代になってその動きが活発化したといわれている。

その不明瞭な出自について掘り下げてみると、いくつかの説がある。まず「渡来人説」。近江は古代より多くの渡来人が移住してきた地だが、高度な文化や技術を持ち得た渡来人が近江商人の発祥に何らかの影響を与えた。あるいは渡来人そのものが近江商人の起源かもしれないという説だが、近江に渡来人が多く移住してきた時期と商人が活躍し出す時代も違うし、関連の有無はよくわからない。次に「武士説」。戦国時代、近江各地には戦国武将が割拠し、楽市楽座によって商業も発展していた。しかし近江を地盤とする戦国武将はことごとく落ちぶれたので、残された家臣が商人化したという。近江商人には武士を出自とする者も多かったそうで、かなり有力な説ではある。次に「農民説」。江戸時代の近江は多くの知行地に分かれていたが、いずれの地域の農民も領主からの搾取に苦しんでいた。そこで農民が商人へと鞍替えをして近江商人になっていったという。最後に「比叡山延暦寺説」。中世の湖東地域には多くの市や座が設けられ、それを取り仕切っていた荘園の主は延暦寺だった（この時期、商業資本や金融資本は寺社と結び付いているケースが多かった）。その延暦寺が商業をする者に特権を与えたので、当地に多くの商人が生まれ、近江商人となっていったという。加えて宗教的なことをいえば、室町～戦国期の浄土真宗では世の中にさまざまある職業のうち、農業よりも商工業が生業として尊重されていたそうだ。この時期の浄土真宗は非常に重商主義的な考え方を持ち、その本拠地が一時近江の堅田にあったことから、近江に多くの商人（浄土真宗信者）が誕生していったという説もある。そのほかにも甲賀の忍びとして近江商人が生まれたとする説もあるが、結果として忍者が近江商人の姿に扮したというならわかるものの、ルーツとすれば飛躍し過ぎだろう。

古代から近世まで時代を超えてさまざまな説がある。どれが正しいのか、どれも正しくないのかはわからないが、いずれにしろ、優秀な商人が特定の地域からこれだけ集中して出るというのは驚くべきことで、そこには何かしらの理由があったに違いない。

冒険心が旺盛だった高島・八幡商人

近江で商業が盛んになった背景には、「地理的環境の良さ」があるといっても過言ではない。水路としての琵琶湖と、陸路として東海道や中山道などの主要道が通る交通の要衝の近江は、古来から商業に関して先進的な土地柄だったといわれている。とはいっても近江全般がそうだったわけではない。のちに近江商人と呼ばれる人たちの出身地を見ると、蒲生郡の八幡（八幡商人）と日野（日野商人）、神崎郡の五個荘と愛知郡の愛知川沿いから犬上郡、長浜周辺に至る地域（ひとまとめで湖東商人というが、五個荘商人と愛知川商人で分けていう場合もある）、湖西の高島（高島商人）もいるが、とくに湖東地域に集中している。鎌倉時代から湖東中部には、延暦寺所領の「得珍保（とくちんほ）」という商人の拠点となる荘園が存在していた。さらに戦国時代には、観音寺城を拠点に近江南部を治めていた六角氏が楽市を設け、市場税を免除するなどして商業を自由化していた。湖東は商業が栄える環境だったのだ。

六角氏の没落後、安土に築城した織田信長は楽市楽座で当地の商業基盤を整備し、周辺の戦国大名もそれを真似て城下に商業の自由を認めていった。さらにそうした商業振興政策は秀吉にも受け継がれ、近江の商業は大きく発展していく。やがて江戸時代に入ると、近江商人は商いの場を全国に求めて活動し始め、さらに大きく飛躍することになった。

江戸時代の近江商人は、本宅を近江に置いて他国で稼ぐというスタイルをとっていた（だから近江商人の出身地には蔵のある立派なお屋敷が多く見られる）。近江商人の原点となった商いの方法は「行商」で、商品を入れた天秤棒を担いで目的地を往復し、生き帰りの両方で商売をする「持下り商い」というものだったが、商売の規模が大きくなると、その手法は問屋的な側面を持つ「卸行商」に変わっていった。さらに、同業者との摩擦を避けるために行商団体を結成するなど、労働環境の整備に努め、資金を蓄えた近江商人は、行商にとどまらず他国に店舗を開いて商売を行った。こうして江戸から明治にかけて、近江から次々と大商人が出現する。

江戸初期から活躍した近江商人が高島商人と八幡商人である。このうち高島商人は、戦国末期にはすでに京都で商人化していたとされ、出身地ごとに分けられる近江商人の中ではもっとも早い発祥という説もある。高島商人では、飯田新七（初代）が幕末に京都で開いた「高島屋飯田呉服店」が、現在の高島屋の基になった。

高島、そして八幡の商人は冒険心が旺盛な商人だったようだ（鎖国前にベトナムに渡った八幡商人もいたほど）。彼らは日本海経由で蝦夷や奥羽方面に渡り、北方に商いの場を求めている。高島商人は奥羽に目を向け、のちに盛岡（南部藩）を中心に青森、岩手、秋田の商圏を一手に担った。

その高島商人よりもさらに北に目を向けたのは八幡商人で、蝦夷に渡って松前藩の城下町に店舗を構え、海産物の取引で巨利を得た。扱っていた海産物の中でもニシンは、食材のほかに魚肥としても使われ、近江の米の生産力を大幅にアップさせたという。さらに蝦夷産の昆布が、上方になくてはならないダシの素材にもなったことを考えると、八幡商人が上方の食文化の形成に大きな影響を与えたといってもいいだろう。

また、蝦夷に進出する八幡商人がいる一方で、江戸の城下町が形成される途上、日本橋の一等地を手に入れ、大店を開く者もいた。その最古参にして筆頭格が西川仁右衛門（初代）で、創業した「西川甚五郎商店」は、のちに西川産業（ふとんの西川）となる。

江戸中期以降になると日野・湖東商人が活躍

高島・八幡商人のあとに出てきたのが日野商人である。日野商人のお膝元の日野は、蒲生氏郷の城下町で商都として栄えたが、氏郷の2度に渡る転封（伊勢松坂、会津若松）に商人や職人も追従。しかし、蒲生氏が断絶したことで日野商人は活況を失うことになる。

日野商人が本格的に活躍し始めるのは江戸中期以降で、北関東を拠点としてお椀（日野椀）や薬、醸造業などを生業とし、「千両店」と呼ばれる小型店を多数出店させる手法も特徴的だった。日野商人の代表格といえば、秩父で酒造業や小売業などを始めた矢尾喜兵衛（初代）で、地元商人から酒造の道具を居抜きで借り、小資本で多数の店舗を開店させている。

江戸中期～後期以降に活躍したのが湖東商人で、近江商人としては後発ながら、商人の数はもっとも多かった。主に呉服や麻布、綿製品など繊維の売買に従事したが、後発だったがゆえに市場の開拓の仕方に特徴があり、大店の商圏や主街道を避け、主に高価な品物よりも大衆向けの安価な品物を販売した。湖東商人で有名な人物には、明治以降、外国との貿易にも着手するなど積極的な事業展開を行い、のちの伊藤忠商事の礎を築いた伊藤忠兵衛（初代）がいる。

経営以外にも活用できる「三方よし」の精神

全国を股にかけて活躍した近江商人。彼らの成功は豊かな商才なくしてなかっただろう。しかし、見過ごしてならないのは、彼らが共通で持っていた経営理念だ。

近江商人の経営理念を表す有名な言葉といったら「三方よし」である。近江商人はもともと行商を主業とし、全国各地を飛び回っていた。しかし、見知らぬ土地で他国者が商売をするには、「信用」と「信頼」を得ることが必要不可欠となる。そのため取引当事者の利益以外に、地域社会の利益をも考えて商売を行った。そうした心構えを示したのが「買い手よし」「売り手よし」「世間よし」という「三方よし」の心得である。営利が第一目的ではなく、常に相手のことを考え、取引は社会の幸福につながるべきであり、利益は正しく得た利益でなければならないとする考え方は、現代の企業経営だけではなく、日常生活の行動規範にも活用できる、まさに金言だ。

また、近江商人は「始末」と「きばる」という考え方を非常に大切にした。始末とは「モノを有効に使い切る」という倹約精神であり、「きばる」は努力するというようなニュアンスで、「嫌なことでも進んでやる」というのは近江商人の精神をよく表している。

近江商人がそうして私利私欲や不正を排除し、利益を公のものとし、贅沢を戒めて倹約に努めたのも、浄土真宗への篤い信仰心があったからといわれる。浄土真宗が近江の商業倫理を構築したのである。周囲が近江商人をケチだというのは、その本質的な部分を見ていない表面的な発想なのだ。

また、この「三方よし」の精神は、近江商人たちが使っていたものというより、近年になって作られ広まったもの。もちろん経営理念としては間違っていないが、それよりむしろ「隠徳善事」という考え方（三方よしの理念の中にも含まれる）が近江商人に強く影響していたという。

陰徳善事とは、陰で密かに良い行いをして見返りを求めないということ。ハナから功名を求めていないところは実に謙虚だ。この言葉は「正当な利益で得た生きた金を使って社会奉仕をする」という意味合いもあり、それが企業の社会的責任だとしている。

近江商人がこうした考え方を持つのは、先述したように熱心な仏教信者だからだ。伊藤忠兵衛（初代）は、「商売は菩薩の業」という信念を持ち、仏教の教えを行動の規範としていた。稼いだ金を自分のために使うのをモットーとした大坂商人に比べると、非常にストイックである。

東近江市の五個荘地区は、近江商人の中でも最大の数を誇った湖東(五個荘)商人などの本拠地。外村宇兵衛邸や外村繁邸、中江準五郎邸などが「近江商人屋敷」として一般に開放されている

近江商人は全国各地に店を出したが、本宅は地元に置いた。そのため、近江商人の発祥地には土蔵のある大きな屋敷が今も点在する。その美しい白壁と舟板塀が並ぶ姿は往年の繁栄を物語っている

近江商人の原点ともいえる商売法が、商品を入れた天秤棒を担いで目的地を往復し、生き帰りの両方で商売をする「持下り商い」というもの。このスタイルゆえ、近江商人＝忍者説も生まれた

近江商人によって、滋賀県では昔から商業のステータスが高く、それゆえ商業高校の格もかなり高い。その頂点に君臨しているのが、近江八幡市にある八幡商業高校だ

【インフラ】古来から交通要地だが琵琶湖のせいで大渋滞

京都・大阪の属領!? それも大いに結構！

ヨソ者からしてみると、近畿というと大阪、京都、兵庫の3府県が突出していて、あとはオマケみたいな感じがする。おそらく地元民も、同じような印象を持っていることだろう。でも、滋賀のポテンシャルの高さは、〝オマケ〟の中でも抜きん出ている。総務省が2011年にまとめた「人口推計」を見ると、人口増減率は堂々の全国3位（0・19パーセント増）。大阪、兵庫、京都も9～11位にランクインしているが、いずれも減少している。また14歳以下の年少人口率14・9パーセントは沖縄に次ぐ全国2位の高さ！ 65歳以上の老年人口率は全国5位の低さ（20・9パーセント）で、関西ではまさに敵なし状態だ。

人口の増加と若年層の多さは、すなわち街の活気や成長力の高さを表す。滋賀が秘めている底力は、衰退しつつある大阪・京都・兵庫から近畿のセンターを奪い取らん勢いといっても過言ではない。

人口が増え続ける背景には、関西圏、とりわけ京都や大阪からの移住者が多いことが挙げられる。また、国内でも屈指の工業県であることも無視できない。それらについては、「産業」の項や「移民」の項で述べるとするが、ベッドタウンとして流入民を受け入れ、工業県として発展してきた根源を辿っていくと、日本の中心ともいうべき絶妙なロケーションもさることながら、実際の距離以上に京阪が近く感じられるほど、きっちり整備された道路や鉄道から目を背けるわけにはいかない。

新幹線より貢献度高い東海道線と湖西線

滋賀（特に湖南）にとって京阪の大都市圏は、文化的に地続きであるばかりか日常のすべてを依存している生活の場である。大阪まで電車で1時間圏内には草津、守山、堅田といったベッドタウンがすっぽりと入ってしまう。生活圏そのものといえる密接な関係は、東海道線と湖西線があればこそ成立しているともいえる。

東海道線は、1970年に草津駅まで複々線化、その翌年には新快速の運行が始まった。これにより、関西大都市圏への輸送量が飛躍的にアップ。以来、ベッドタウンとして開発が進む草津市は、爆発的に人口が増え続けている。草津駅での東海道線運行状況は、京都・大阪方面行きに限ると、ラッシュ時最大で1時間に14本もの電車があり、日中でも8分に1本程度の頻度で運行されている。これなら電車利用の住民もストレスは感じないだろう

一方の湖西線は1974年に開業。発展から取り残されてきた湖西エリアにとって、大都市・京都まで乗り換えなしで移動できる路線は悲願だった。その後、ニュータウンが各地にでき、ベッドタウン化していったことは、草津と同様である。関西大都市圏から人を吸い上げ、右肩上がりで滋賀を発展させた東海道&湖西両路線が果たした役割は、計り知れない。

琵琶湖の東岸・西岸の街と京阪を結ぶこれら2路線のほか、県内にはJR

北陸線、草津線、私鉄では京阪電鉄（京津線、石山坂本線）、近江鉄道（本線、多賀線、八日市線）、信楽高原鐵道信楽線、といった路線が巡らされている。ただ、鉄道不毛地帯の山間部は多いし、湖南の琵琶湖周辺エリアとそれ以外の地域では利便性に雲泥の差がある（湖岸のＪＲ線とその他の路線では駅前の発展度がまるで違うし）。無ければ無いで困る住民も多いだろうが、日中ガラガラの車内を見てしまうと、宝の持ち腐れ感がハンパない。

と、ここまで書いて忘れていたことがあった。米原には天下の大動脈・東海道新幹線が停車するじゃないか！　筆者が書き忘れそうになるくらいだし（当地域シリーズで新幹線について書き忘れるなんて前代未聞！）、はっきりいって「のぞみ」の通過駅だし、駅前のさむ〜い感じは見るに堪えないし、「新幹線を自慢するほど田舎じゃないわ」という思いもあるだろう。大いに恩恵にあずかっている滋賀民もそんなにはいないはずだ。だが、新幹線が米原に停車することで、滋賀が発展したという一面もある。出張がしやすいという理由で、滋賀に支社や工場を設ける会社もあるのだ。実際、米原の新幹線改札は到着した下り列車から降りてくるスーツ姿のサラリーマン＆ＯＬで溢れ返っていた。

琵琶湖に川に路面電車　渋滞の元凶だらけ！

「米原程度」という言い草に、立腹する滋賀民もいるやもしれない。でも、駅を中心に商業地が発展している街が、滋賀全域でどの程度あるだろうか？　滋賀の場合、商業・娯楽施設の集積地は、駅よりむしろ幹線道路沿いに大きく傾いている。これはとりもなおさず車社会が進行しているからである。滋賀民の誰もが思っていることだろうけど、滋賀は車なしでは生きていけないのだ（地方はどこもそうだが）。そこで鉄道以上に重要になってくるのが道路網である。

県内には、名神、新名神、北陸道の高速道3路線が整備されている。先にも書いた滋賀の発展を考えるうえで、鉄道が人口増を担ったなら、高速道は大量輸送をもって工業県・滋賀を支えてきた。さらに、広域から集客できるようになったことで、竜王町の三井アウトレットパークのような巨大ショッピングモールもつくられた。あるいは、これら3路線の延長線上には中京圏や首都圏、北陸さらには中国地方も含まれており、より広域から観光客を呼び込むことにも繋がっている。ただ、ドッと人が集まるスポットができたことで、道路はパンク寸前に陥っている。

休日の大津市街の渋滞は、はっきりいってひど過ぎる。県警の庁舎前から旧パルコ付近にかけて、ほとんど車が動かない。少し流れが良くなったと思ったら、近江大橋の半ばからまたもや大渋滞。何かと思えばイオンモール草津の駐車場待ちの車列が邪魔をしていた。そこまでひどくなくても、路面電車状態の京阪線が道路を寸断するもんだから、至るところで車が数珠つなぎになっている。

一方、県都以外の幹線道路は、平日の渋滞が目立つ。国道8号は愛知川、日野川、野洲川と川が多いため、橋のあたりでの渋滞が多いし、沿線にベッドタウンが連なっていることも渋滞に拍車をかけている。国道1号は物流の大動脈でもあり、大型車両が多いのがネックになっている。湖西の国道367号は山間の道だから空いていたが、堅田付近で里に下りてみると、市街地も国道161号も車でみっちりだった。

渋滞の元凶は琵琶湖だった

滋賀県内を車で走ると、やたらと感応式信号が多い（しかもセンサー真下には丸印がペイントされている）ことには驚いたが、道自体はなかなかに走りやすい。運転マナーもしっかりしている。それだけに余計、渋滞のひどさが目立ってしまうのだ。また、渋滞とはあまり関係ないが、ロードサイドに林立している店も厄介である。昼時はメシ屋、午後にはカラオケやゲーセン、夕方になるとスーパー、そして時間を問わず来店者が多いホームセンターやパチンコ店。気持ち良く流れている道でも、これらの店が見えたら駐車場に入ろうとする車を避けるため、いつでも車線変更できる心構えをしておく必要がある。

そんな車なしでは生きられない滋賀民を渋滞で苦しめている元凶、それはズバリ「琵琶湖」だろう。巨大な湖によって県の東西南北が寸断され、車を逃がそうにも逃がしようがなくなっている。対岸の街へ行こうにも、湖岸伝いに迂回するか、琵琶湖大橋を有料で渡るか、混雑するのを覚悟で近江大橋や瀬田川大橋などを渡るしかない（湖北や湖東・湖西の北部はあまり関係ないけどね）。

山科駅（京都府）を起点に琵琶湖の西岸（湖西地域）を走る湖西線。観光路線のカラーが強いが、ビジネスマンの利用もかなり多い

「たかが県域の6分の1」と滋賀民はいうけれど、そのロケーションは問題だ。県のド真ん中、これ以上ない一等地を占拠しているじゃないか。草津の平湖の南から対岸の柳が崎まで、もう1本橋をつくってもいいんじゃないかと思うものの、有料道路では使う人も限られるだろうし、さすがに無理だろうか。県民のアイデンティティをけなすのはなんだが、琵琶湖がもっと右か左にずれていてくれれば、滋賀の発展の仕方は変わったんじゃないだろうか？

京阪神地区の都市間交通の重要な柱となっている新快速。スピード、運行本数ともにせっかちな関西人を満足させる列車である。沿線民からは「新快速があれば新幹線なんぞいらん！」の声も

琵琶湖大橋は供用開始から50年が経過。しかし、のちに4車線化されたこともあり、いまだに無料化はされていない。生活道路の一部と化しているのだから、もっと割安に通行させればいいのに

【産業】農業県から工業県に大ヘンシン！

農業で成り立っていた近代以前の滋賀県

２０１５年の国勢調査によると、滋賀県の産業別人口割合は、第１次産業が２・６パーセント、第2次産業が32・６パーセント、第３次産業が64・８パーセント。第1次産業の割合は、近畿の２府5県中、上から3番目の数値で比較的高いようにも思えるが、全国平均（３・５パーセント）から見れば低い（近畿自体が農業が強いエリアではないしね）。また、第3次産業の割合も特別高いわけではない。それに対して第２次産業の割合は非常に高く、製造業の就業人口割合だけなら、滋賀県が26・６パーセントと全国でもっとも高く、次いで愛知県が25・３パーセント、静岡県が24・９パーセントで続く。つまり、このデータからわかるのは、滋賀は全国でも屈指の「工業県」ということだ。しかし、滋賀はもともと「農業県」だった。豊かな水をたたえる琵琶湖のおかげで、古くから農産物や水産物がきわめて豊富に採れた。肥沃な土地は米作に適しており、17世紀の末頃にはすでに「近江米」というブランドが国内で認知されていたほどである。また、日本茶発祥の地ということもあり（諸説あるが）、東近江地域で栽培される政所茶は宇治茶と並ぶブランド茶として名を馳せた。さらに現在も近江米と共にブランド化されている「近江牛」も、牛肉が普及する以前の江戸期に、現地では肉牛が生産されていたという。一方、古来から琵琶湖漁業では、多種多様な魚介類が水揚げされ、地元民の食生活を潤していた。

このように、農漁業にこの上なく適した環境の滋賀。明治20年代初頭、農産物の生産額が県内総生産に占める割合は約80パーセントに達し、明治末期の段階でも約62パーセントもあった。主な生産品はやはり米で、それに続くのが近代日本の殖産興業のシンボル・生糸だった。滋賀の近代以前は、まさしく農業なくして成り立たない時代だったのである。

工業化のきっかけは東レと名神高速道路

ただ、明治期に盛んになった生糸の生産は、滋賀県内に工場が建てられるきっかけにはなった。近江商人や県内の実業家が湖東・湖北を中心に製糸工場を設立し、県内で生産した繭のおよそ半分をそこで消費したといわれている。また、甲賀には製薬会社の工場が、信楽でも製糸用の糸取り鍋や醸造瓶、便器、火鉢などの生産が盛んになったことで陶器の製造工場がつくられ、地場産業も急成長を遂げることになった。

だが、滋賀が工業県として変貌を果たすきっかけになったのは、大正末期から昭和初期にかけての大津へのレーヨン工場の進出である。レーヨンはその製造過程で大量の水を必要とすることから、琵琶湖の水に目を付けた複数の繊維会社が工場を設立。そのうちの東洋レーヨン（のちの東レ）が膳所・石山につくった巨大工場は、生産能力もずば抜けており、東洋一のレーヨン工場といわれた。現在でも大津にある東レの滋賀事業場は、国内の重要な生産拠点として多くの役員が駐在している。

しかし、太平洋戦争に入ると、東洋レーヨンの工場や、長浜や彦根の製糸工場、信楽の陶器工場など、県内の多くの工場が軍需工場への転換を余儀なくされた。しかも戦中、軍需工場が設けられた地域は米軍の空襲に見舞われ、とくに大津の東洋レーヨン滋賀工場は甚大な被害を受けた。戦後になると、滋賀は産業の再建に向けて動き始め、朝鮮戦争特需と高度経済成長の波に乗り、工業化を推進していくことになる。その推進事業の最大の決め手になったのが、名神高速道路の開通であった。

あの手この手で工業化を推進

工業集積度を高めるうえで、関西、東海、北陸を結ぶ交通の結節点にあたる滋賀は、もともと抜群の立地条件だった。その滋賀に関西と東海を結ぶ名神高速道路が通り、インターチェンジが設置されることが決まったのである。「待ってました！」とばかり、京阪神の企業が湖南・湖東地域へ工場を建設。昭和30年代には、すでに滋賀への工場の立地件数は300件を超えていたが、名神高速道路の小牧―西宮間が全通したこともあって、昭和40年代の工場立地件数は770件以上にのぼった。さらに名神高速道路に加え、鉄道では東海道新幹線の開業、東海道線（琵琶湖線・新快速）と湖西線（琵琶湖環状線）、道路では北陸自動車道、新名神高速道路、京滋バイパス、琵琶湖西縦貫道路など、インフラの整備が時代を問わず行われていき、湖南・湖東だけではなく湖北・湖西にも企業が進出し、工場がつくられていった。

しかし、滋賀の工場立地が進んだ要因は、何もインフラの整備だけではない。琵琶湖と琵琶湖に注ぐ河川の伏流水が工業用水として、安価に安定して供給されるというのはやはり大きい。琵琶湖のおかげで、多くの水を必要とする繊維産業、電気機械、鉄鋼、化学産業など、さまざまな分野の工場がやってきたといってもいいだろう。

さらに、滋賀は農業県だったため、工場用地の確保が比較的容易だったことも工業化を後押しした。県は、1968年の湖南工業団地（湖南市）を皮切りに、草津工業団地（草津市）、水口工業団地（甲賀市）など、続々と大規模な工業団地を造成していった。

1980年代に入ると、工場立地数の増加は一段落したものの、大規模な工場ができたり、従来の工場が事業規模を拡大したりするなど、県の工業出荷額は急上昇を見せ、工業従事者も大幅に増加した。1990年～2000年代になると、工場の立地件数、敷地面積は減少。工業出荷額も横ばいか下降してしまう年はあったものの、2008年には過去最高の7兆4647億円を記録(以降は6兆円台で推移)。出荷額の産業別構成比では、「輸送機械」と「化学工業」これに「電気機械」が僅差で続くスリートップ構図は基本的に不変である。

環境先進県が目指す工業の新たな形

現在、滋賀は「環境先進県」として、新エネルギー産業の工場立地を推進。次世代産業の集積県を目指している。その甲斐もあって、新分野の企業や研究・教育機関は集積してきている。だが、それがどれだけ滋賀の地に根付いて主産業となれるか、日本のエネルギー事情を考えると、先行きは不透明だ。ただ、滋賀はこれまで4年制大学の理工学部や民間研究所の誘致を進めてきており、新エネルギー分野での産学連携への期待感は大きい。それと同時に、理工系の優秀な学生を未来の人材として確保できるメリットも見逃せない。

さて最後に、強い工業に隠れてしまったかのような滋賀の農業と商業について触れてみたい。まず農業だが、現状は深刻だ。農家の高齢化や跡継ぎ不足による担い手の減少が顕著だ。農地は宅地や工場などに変わり、生産力の落ち込みで農家の収入も大幅に減少している。近江米、近江牛などのブランド品目はあるが、６次産業化も含め、新たな特産品の生産なども必要なのかもしれない。

商業については、これまで滋賀は琵琶湖が中央にあることで、地勢的に中心都市ができず、広い都市商圏が作られなかったことから、商業面の大きな発展は望めなかった。近江商人のふるさとにして、彼らが商売の地を外に求めたのは必然だったのだ。だが今は、人口が急増したことで県内消費を上げるチャンスではある。大型商業施設に限らず、魅力的な商品開発も含めて、消費者の購買力をアップさせる策が必要だろう。それと問題は観光産業だ。滋賀を通過県ではなく滞在県にするために効果的な一手が求められている。いずれも難しいが、これができれば滋賀の産業別構造は「三方よし」に近づけるかもしれない。

昔から豊かな水をたたえる琵琶湖周辺では米作りが盛んで、近江米は江戸時代から「ブランド米」として国内で認知されていた。近江牛も牛肉が普及する明治以前からすでに飼育されていたという

大手化学企業の東レは、三井物産の手によって1926年、東洋レーヨンとして設立。翌年、大津に建設されたレーヨン工場は、圧倒的な規模と生産力で東洋一の人造絹糸工場と呼ばれた

【合併】市町村を整理整頓 目立った巨大合併

大阪や奈良を尻目に次々と合併

1999年から政府主導で行われた市町村合併、いわゆる「平成の大合併」で、その一応の区切りとなる2010年の3月末時点で、全国の市町村数は3232から1727に減った。全国トータルでの市町村減少率は46・6パーセントにのぼったが、合併が進んだのは主に地方の県である。もっとも減少率が高かったのは長崎と広島の約73パーセントで、県内の自治体が以前の約4分の1にまで減った。対して東京や神奈川、埼玉、千葉の首都圏、さらに大阪をはじめとした関西圏では、合併が進まないケースも多々見られた。

では、関西圏の滋賀県はどうだったのか？　実は近畿の2府5県で、もっとも減少率が高かったのは滋賀だった。平成の大合併前まで50あった市町村は19に減った。減少率は62パーセントで、大阪府（2パーセント）、奈良県（17パーセント）と比べても圧倒的に高い。また、滋賀では合併によって「村」という単位が無くなった。これで近畿で村が無い県は、兵庫、三重、滋賀の３県になった（兵庫は平成の大合併の時点で村が無かった）。

滋賀の市町村合併の歴史をたどると、まず１８８９年に行われた「明治の大合併」で、１６７５町村から１９５町村に減らしている。明治の大合併以前、全国町村の中での滋賀の町村比率は約2パーセントだったが、合併後は約１パーセントに下がっているので、積極的に合併が行われたといってもいいだろう。さらに、昭和30年代前半に行われた「昭和の大合併」でも、１６０市町村を53市町村にまで減らしている。昭和の大合併で全国の市町村は約３分の１に減っており、滋賀では明治期ほどの進捗は見られなかったが、ほぼ全国平均程度に市町村を減らしている。こうして見ると、滋賀は昔から市町村合併を推進してきた県だということがわかる。

県もやる気十分だったが甲賀はひとつにならず

しかし、平成の大合併によって滋賀県内の自治体の数は大幅に減ったものの、市町村が一致団結して合併に邁進したわけではない。

県は2000年に「市町村合併推進要綱」を策定。そこでは県内を7市にするという〝超スリム化パターン〟も提示されており、そのやる気（強引？）のほどが見てとれる。しかし、できるだけ文化や歴史、住民気質といった地域性を考慮して合併パターンを提示したとしても、自治体間や住民のさまざまな思惑が重なるので一枚岩になることは不可能だ。いきなり合併しろといわれて「ハイそうですか」となるのは、財政面の行き詰まりなどがあって、ハナから合併を模索していた自治体くらいのものである。

結局、県の理想とする7市とはさすがにならず、最終的に13市7町に落ち着いている（これでも十分なスリム化といえるけどね）。その合併の火ぶたが切って落とされたのは湖南地域からだった。

2001年10月に栗東町が栗東市として単独で市制施行に踏み切ったことを

皮切りに、2004年10月には合併によって湖南・甲賀地域に3つの市が誕生した。野洲郡2町（中主町、野洲町）が合併して野洲市に、甲賀郡2町（石部町、甲西町）が合併して湖南市に、そして甲賀郡5町（水口町、土山町、甲賀町、甲南町、信楽町）が合併して甲賀市になった。注目は甲賀郡の合併で、ここでは当初、甲賀郡全域（7町）による合併が模索されていた。しかし同じ甲賀郡内といっても、今は昔と違って地域性に違いがある。のちに石部、甲西の2町が合併して「湖南市」となったが、その名の通り、この2町は甲賀地域よりも湖南地域と密接な関係を持っていた。結局、強引に進められていった7町合併に対する甲西側の強い反発もあって、2町と5町に分かれて合併することに決まった。

そもそも石部と甲西の2町合併は差し迫った合併理由がなく、国と県の要望に仕方なく従った感じの合併だったという。同じく差し迫った合併理由のない湖南地域の栗東市、草津市、守山市は、どことも合併せずに単独を貫いた。

面積だけ巨大な都市があちこちに出現！

湖南・甲賀地域の合併があった翌年（2005年）の1月、高島郡5町1村（マキノ町、今津町、安曇川町、高島町、新旭町、朽木村）による合併で高島市が誕生した。同年2月には八日市市と神崎郡2町（永源寺町・五個荘町）、愛知郡2町（愛東町・湖東町）が合併して東近江市に（のちに蒲生町と能登川町も加わる）、同年2月には坂田郡3町（山東町、伊吹町、米原町）が合併して米原市になり、続く10月に坂田郡近江町が米原市に加わった。この合併によって、湖西地域と湖東（東近江）地域に巨大都市が誕生した。しかも、湖西地域の自治体は高島の1市のみということになってしまったのである（大津市北部は文化的に湖西地域に含まれるけどね）。

湖西地域は合併協議でいろいろありながらなんとかひとつにまとまった。一方、湖東（東近江）地域では当初、近江八幡と八日市の2市と他5町で合併の話し合いはあったが、結局は決裂。八日市は周辺4町（のちに2町が加わる）と合併して東近江市となり、近江八幡はのちに安土町をパートナーに選んだ。同地域で単独町政を選択したのは日野町と竜王町で、当時どちらも財政状況は良く、合併する理由もなかった（日野は日野商人の発祥地のプライドもあり、単独にこだわったという話も）。

彦根は単独市制　大津は志賀を編入

２００６年１月、東近江に蒲生と能登川が編入し、２月には長浜市が東浅井郡２町（浅井町、びわ町）との合併を果たす。それと同時に、湖東地域で残っていた愛知郡の２町（秦荘町、愛知川町）が合併して愛荘町となった。こうして愛荘町は、彦根市、犬上郡３町（甲良町、豊郷町、多賀町）と共に湖東地域に属することになった。湖東地域では、彦根と犬上郡３町との合併が模索されたが、彦根で行われた住民アンケートは反対多数で合併が頓挫。彦根は単独市制を歩むことを決めた。

湖南に目を転じると、２００６年３月、県都の大津がようやく滋賀郡志賀町を版図に加え（滋賀県の名前の由来ともされる滋賀郡が消滅！）、３年後の２

００９年には中核市への移行を果たした。

そこからしばらく時間は空くが、２０１０年になって再び大きな動きがあった。長浜市が東浅井郡２町（虎姫町、湖北町）、伊香郡４町（高月町、木之本町、余呉町、西浅井町）を版図に加えたのである。これにより、湖北にも（面積だけだけど）巨大な都市が誕生した。そして同年３月、近江八幡と安土が合併。これをもって滋賀の平成の大合併は終了する。対等合併は９例。最初の合併に加わらず、あとから加わった町はすべて吸収合併の形式をとっている。

広域合併のメリットを生かし切れるのか？

滋賀では湖西地域の高島のような巨大合併もあって、市町の平均面積は３倍超に拡大した。もちろんそれに合わせて人口も増え、財政規模も拡大している。高齢化が懸念されていた地域では、合併によって、あくまでも数字上だけだが高齢化は緩和されている。ただし、いくら合併によって人口が増え、財政基盤が強化されたといっても、滋賀の南北、あるいは都市部と農村部では明らかに格差が存在している。高島、長浜、東近江、甲賀などの多くの自治体がまとまった巨大都市は、市域が広すぎて「かゆいところに手が届く」施政は無理かもしれない。だが、自治体運営が市としてまとまり一元化されたことで、さまざまな施策がスムーズに進む可能性はある（ただし、合併前市町村間の不公平感が出ないようにするのが大変だけどね）。筆者は合併論者ではないが、合併特例債（平成の大合併時、合併すると国から借りることができたお金）を目当てに合併するのは仕方ないと思う。しかし、合併して生まれたメリットを生かさなければ意味がない。

さて、合併といえば2013年の2月に、京都府知事が道州制を念頭におきつつ「京滋合併」の話を持ち出した。この話は現実味がなさ過ぎて完全にスルーされたが、合併をあれだけ推進した滋賀なんだから、今度は滋賀側から仕掛けてみても面白いかもね。時には京都を飲み込むくらいの気概を見せてもらいたいところだ。

1898年に市制施行された県都・大津。昭和に入ると滋賀村を皮切りに膳所、石山、坂本、雄琴、堅田、瀬田などの町村を編入して市域を拡大。平成の大合併で志賀を加え、中核市移行を果たした

湖東地域の中心都市・彦根。平成の合併時は周辺の甲良町、豊郷町、多賀町との合併論議もあったが、住民アンケートの結果、彦根は単独市制を歩むことになった（写真は耐震工事前の彦根市役所）

【移民】激増する新住民　なぜ滋賀に人が来る？

当初の予想以上に人口が増えている！

２０１４年４月１日時点の滋賀県の総人口は、１４１万４９１７人である。総人口の推移を５年ずつ遡って見てみると、２００９年４月１日の人口は１４０万２１７人、２００４年４月１日の人口は１３６万８６１６人。２００４年から２００９年にかけて約３万人も増えていて、それからの５年ではおよそ半分の約１万５０００人の増加と、近年になって人口増加率は落ち着いてきているが、それでも着実に増え続けている。

実は２００７年の推計では、滋賀の人口ピークは２０１５年とされ、人口は１４０万６０００人という数値が弾き出されていた。それを２０１４年の時点ですでに超えてしまっている。人口の増え方が予想を上回っているのだから尋常ではない。

全国的には地方の都市が人口減少傾向にある中、滋賀は移住者が急増しているのだ。その勢いは凄まじく今や周囲にベッドタウンとして認知されており、若年ファミリー層を中心に京阪地域からの移住が進んでいる。さらに、移住民の多くはバッチリ子作り世代だから、彼らのおかげで自然に人口も増えるというカラクリだ（2011年の出生率は全国第2位）。

しかし、関西圏の中で知名度もなく地味で、琵琶湖以外のわずかな陸地に人が暮らしている、なんて勝手に思い込まれていた滋賀がこれだけ注目され、周囲から住みたいと思われる土地に変わろうとは……。京阪のベッドタウンなら奈良や和歌山より滋賀に住みたいという人も多いようで、言うなら「滋賀・オブ・ドリームス」といった感じだが、滋賀へ人が集まる理由とは一体何なのか？

新快速を抜きに移民増は語れない

まず第一に、大企業が進出したことが挙げられるだろう。滋賀は大きな工場を建設できる広い土地の確保が比較的容易だった、インフラが整備されている、琵琶湖があるから水が豊富など、企業にとって魅力的な条件が揃っていた。そのため大企業の工場が続々と建設され、多くの勤務者が滋賀に移住することになった。さらに大企業が雇用を創出してくれるおかげで、地元民や地元学生が滋賀に働き場所を得られやすくなり、人口の流出を防ぐことにもなった。

しかし、仮に大企業の進出がなかったとしても、今の滋賀には移住者が激増していたはずだ。滋賀南部は京阪へのアクセスが抜群に良く、とくに「新快速」の存在感はハンパなくデカい。1970年に東海道線に設定された新快速は当初、京都―西明石を結んでいたが、1971年に草津駅まで延長された（滋賀県内の途中停車駅は大津と石山）。本格的に朝夕のラッシュ時に新快速が増発されたのは1980年代後半から。この新快速による通勤時間短縮が、多くの京阪に通うサラリーマンとそのファミリーを滋賀に呼び込んだのである。というわけで、新快速がなかったら、滋賀が人口増でこれほど騒がれることはなかっただろうといわれている。県にとっては新快速サマサマなのである。

また、住宅価格が比較的手頃だということも要因のひとつだろう。今や草津、守山、栗東、野洲といった琵琶湖線沿線の街は物件の人気が高いが、そこはやっぱり滋賀だけに京阪と比べれば全体的に安め（賃貸物件も）。もちろん利便性の高いエリアとそうでないエリアで需要の二極化も激しく、値段の高低はある。とくに草津や南草津ではマンションを含めて住宅相場の上昇が著しいが、駅からそこそこ離れることで、手頃な値段で敷地の広い家を購入することも可能だ。加えて、琵琶湖線沿線の都市が「ブランド力」を備えているのも強みだろう。東洋経済が発表する「住みよさランキング」で、草津、守山、栗東は全国のトップ50に入ったこともあるが、こうしたマスコミの高評価が多くの移住者を呼んでいるのは間違いない。

さらに、立命館などの大学が滋賀県内にキャンパスを設地したことも大きい。多くの大学生が滋賀に住めば、当然人口は増えることになる。しかも大学がある街は「文教都市」の箔が付き（南草津など）、それがまた移住者を呼び込むことにつながっている。

人口増が原因で治安が大幅悪化!?

京阪への良好なアクセス、住宅の手頃感、都市のブランド力などが滋賀への移住を促進させているわけだが、それらに加えて「治安が良い」というイメージも移住の決め手になっているとの話も聞く。とはいえ、「滋賀は治安が良い」というのは錯覚である。

昔は確かに滋賀の治安は良かった。出掛けるのに無施錠という家も多かった。ところが近年治安の悪化が進み、10万人あたりの犯罪発生件数は全国13位（2012年）。これで治安が良く見られるのは、近畿地方は大阪を筆頭に治安が悪い府県ばかりで、滋賀が単に目立っていないだけだからである。それに2012年には犯罪増加率（前年比）が全国ワースト1になるなど、滋賀の治安問題は深刻さを増している。こうなった要因のひとつとして滋賀県警は「人口増」を挙げている。急激な人口増加が、滋賀県内の治安悪化をもたらしているわけだ。

旧住民にしてみれば移住民はヨソ者で、先に挙げた治安の悪化など、地元を変えてしまう邪魔な要素と見る人も当然いる（お隣の京都よりはマシだけど）。都会化している滋賀南部の旧住民は比較的寛容のようだが、田舎へ行くほどヨソ者への風当たりは強くなるともいわれる。しかし、その田舎（湖北や湖西）では、人が流入せず逆に流出している。「人口急増の滋賀」とはいえ、移住民の件でも南北格差はやはり顕著だ。

※　※　※

滋賀県の統計（滋賀県の人口と世帯数）によると、２０１８年7月1日現在の滋賀県の総人口は１４１万１９１２人。前年同月比で７１０人減少した。関西で唯一の人口増加県だった滋賀だが、どうやらここにきて人口の伸びはさすがに頭打ちとなってきた。

ただしその実状を見ると、人口が減っているのはアクセスが悪いへんぴな自治体ばかり。琵琶湖線沿線で京阪の通勤圏にあたる自治体（草津、守山、栗東、野洲、そしてギリギリ彦根）の人口は、大幅とはいえないまでも今も着実に増え続けており、これら自治体の人口が増えているおかげで、県の総人口は微減で済んでいる状況だ。というわけで、滋賀県の人口問題に関していえば、地域や自治体によっていささか事情が異なってくる。

滋賀県内でこれから10年後、あるいは20年後に今よりも人口が増えるとされているのは、草津、守山、栗東の3市のみ。その3市と同沿線にして県都の大津は、将来的に現状の2割程度の人口減は免れないとされている。今は微減で済んでいるが、将来的に大幅な人口減が予想される湖北・湖西の自治体（高島や米原）なんて、実は待ったなしの状況なのだ

県は人口が増加から減少に転じたことを受け、子育て支援や結婚出産支援、県内への就職支援など、人口減を食い止めようと各種プロジェクトを実施している。恵まれた行政支援のおかげで確かに新住民はやってくるが、居を構えるのは琵琶湖線（新快速）沿線の自治体ばかり。いくら手立てを講じても、人の偏在が是正されないところに、滋賀のジレンマがある。

大動脈ともいえる数々の道路が通る栗東市には企業の進出も進んだが、栗東駅が誕生したことで宅地開発が進み人口も急増した。写真のように栗東駅東口には巨大マンションが立ち並んでいる

滋賀では琵琶湖線（新快速）や湖西線沿線の宅地開発が積極的に行われ、京阪のベッドタウンとして注目を浴びてきた。住宅需要はさすがに高く、巨大な住宅街がそこかしこにつくられている

滋賀県コラム1

ちょっとホラーな飛び出し坊や

信号のない交差点、民家の出入口、通学路などに設置され、ドライバーに子供の飛び出し注意を呼び掛ける看板「飛び出し坊や」。全国規模で設置されている看板だそうだが、よく見かけるのは西日本である。ちなみに東西の境界が曖昧な中部地方で、飛び出し坊やの姿をよく見かけたのは岐阜県の西濃地域や愛知県の尾張海部地域で、そこから東に行くほど数は少なくなる（あくまでも自分の目で見た範囲の話だけどね）。つまり、飛び出し坊やを基準とすると、東西文化の境界線は、おおまかにいうと岐阜・愛知県を縦半分に割る線といえそうだ。ただ、岐阜県といえば滋賀県のお隣。東西の境界線がどうこう以前に、飛び出し坊やが多いのは必然なのかもしれない。

何せ滋賀県は飛び出し坊やの発祥地である。八日市市（現在の東近江市）の社会福祉協議会の発案で、１９７３年に地元の看板製作会社「久田工芸」で男

の子型と女の子型の11体の飛び出し人形が製作され、同市内に設置されたのが始まりといわれている。以降、飛び出し人形への関心が高くなるにつれ、近畿地方から全国へと設置範囲を広げていったが、さすが滋賀県は発祥地だけあって、今も設置台数と密度は（おそらく）日本一を誇る。

当ページ上の写真の飛び出し坊やは、元祖飛び出し人形を製作した久田工芸のデザインのもの。大きな瞳に七三分けの髪型が特徴の看板で、本名は「飛出とび太」、通称「とび太くん」と呼ばれている。現在の飛び出し坊やのルーツであることから、同看板のマニアでイラストレーターのみうらじゅんが「0系」と命名した。

ちなみに飛び出し坊やの注目度を高めたのもみうらじゅんである。みうらはイベントや著作の中で滋賀に飛び出し坊やが多いワケを、「背後が常に琵琶湖ですから、人は前に飛び出していくしかないのでしょう」と述べている。さらに「滋賀のある街道には、連続でこいつら（飛び出し坊や）が建物の角からやたら道をのぞいていて、かえって運転が危ないくらいの状況になっている。琵琶湖周辺に足を踏み入れると「人間がゾンビに負けてるな」という思いがひしとする」、「これはホラーやで」とコメント。これらみうら流ともいえる愛情あふれるコメントに後押しされ、飛び出し坊やは単なる看板以上の存在（キャラクター）になり、とび太くん関連グッズも販売されてブレイク。さらに着ぐるみもできて2次元から3次元へ、滋賀県のPR活動を行うゆるキャラとして、華麗なる転身も遂げたのである。

筆者も都内の都道府県アンテナショップの一角で、巨大なとび太くんと遭遇したことがある。巨大化したその姿は確かに「ホラーやで」。

第2章

滋賀県の歴史は当然琵琶湖から始まる

古代は滋賀が日本の首都だった!?

歴史の転換期にできた幻の都・大津京

「近江を制する者は天下を制す」と言われたのは戦国時代になってからだが、かつて近江は一時的だが天下を制したことがあった。

時を遡ること667年3月。天智天皇は近江大津へと遷都した。俗に〝幻の都〟とも呼ばれる近江大津宮の誕生である。大和朝廷のあった奈良から、栄えある二代目朝廷となった地は滋賀(大津)だったのだ。朝廷の所在地が意味するのは日本の首都。政治や経済、文化、軍事など、ありとあらゆる中枢機能が近江に移された。翌668年には、現在の民法や行政法にあたる「近江令」を制定。さらに、日本史上初となる全国の戸籍帳「庚午年籍(こうごねんじゃく)」も近江朝の時代につくられた。中央集権国家としての歴史は、滋賀から始まったといえる。いわば歴史の転換点となった出来事であり、飛鳥時代の次に近江時代が到来していてもおかしくはなかった⁉

だが、こんなにスゴイ都なのに、どうして教科書だとマイナー扱いなのか。もろもろ理由はあるが、実はそもそも遷都の背景が、褒められたものではなかったからというのもある。当時の日本は朝鮮半島の百済（くだら）と高句麗（こうくり）とは同盟関係にあったが、唐と新羅（しらぎ）の連合軍が百済と高句麗に攻め込んだ。当然、同盟国の日本は朝鮮半島に派兵。６６３年の白村江の戦いが起こる。これに大敗した日本は唐から侵略される恐れが生じてしまう。古代最大の外圧といわれ、朝廷内はてんやわんやだったのである。

この大事件がキッカケで高句麗と連絡の取りやすい大津が都に選ばれたと考えられている。かなり唐突な遷都だったせいか、民衆からは不満が続出。この時期、都で火災が多発したようだが、それは遷都への民衆の反対表明でもあったようだ。悲しいかな、民意を得た遷都ではなかったのである。

不運はさらに続く。６７２年に起こった壬申の乱である。発端になったのは

滋賀県の主な歴史（奈良時代まで）

	事柄
1万〜1万5000年前	琵琶湖が今の姿にほぼ固まる
前3世紀ころ	稲作を主体とした農耕集落が出現
3世紀後半〜4世紀初頭	近江でも古墳社会が形成される
5世紀ころ	大津の北に渡来系集団による墳墓が造られ、平野部には渡来人集落も営まれる
600年	能登川に近江で最初の寺院が建立されたとみられる
607年	滋賀郡出身の小野妹子が第1次遣隋使として派遣される
665年	百済移民400人あまりを近江に移し田を与える
667年	近江（大津京）に遷都
668年	天智天皇が即位
669年	中臣鎌足が没する
671年	天智天皇が没する
672年	壬申の乱が勃発。勢多橋の決戦で近江朝廷軍が大敗し、大友皇子が敗死。この年に飛鳥京に遷都
742年	紫香楽宮が造営される
745年	藤原仲麻呂が近江国守に就任
759年	保良宮が造営される
761年	石山寺の大増改築のため良弁が石山寺に入る
767年	最澄が生まれる

※各種資料より作成

天智天皇の息子である大友皇子と大海人（おおあま）皇子の王位継承争いだが、近江朝を設立した有力豪族と地方の小豪族の争いだったともいわれている。これに大友皇子率いる朝廷軍が敗北したため、大海人皇子が天武天皇を名乗り、ふたたび奈良の飛鳥へと都を移してしまったのだ。近江が首都だったのは約5年。現在、大津京の遺構は錦織の住宅街に残されているが、朝廷のあった期間が短すぎたせいか史料が少なく、その全体像はまだはっきりとはしていない。大津京が〝幻の都〟と呼ばれる所以でもある。

東大寺よりも先に大仏ができるはずだった

さて、はかない運命を辿った大津京だが、近江自体は古くから天皇ゆかりの地でもある。初代大王ともいわれる継体天皇は、近江の氏族・息長氏の出自だとされているし、景行天皇は高穴穂宮（現・高穴穂神社）を営んだとされている。そのなかで、もっとも近江を愛したのは聖武天皇だったという。

740年10月、同年に起きた藤原広嗣の乱の動揺もあって、聖武天皇は突如平城京を離れ、伊勢行幸に出た。その中で12月に近江に入り、9日間ほど滞在したのちに、恭仁（現在の京都府木津川市）に入って遷都を行った。その際、聖武天皇は信楽（現在の甲賀市信楽町）に、わざわざ新道を作って紫香楽宮という離宮を造営し、しばしば行幸したといわれている。

実はこの紫香楽宮は奈良の東大寺よりも先に大仏建立が行われた場所だった。現在の甲賀寺跡とされる寺院が、大仏建立の跡ともいわれている。結局は中止されてしまったが、聖武天皇は大仏を奈良ではなく近江に建てたかったのだ。

こうして見ると、歴史上、都が置かれたのは滋賀と奈良、京都、大阪、東京のみ。馬鹿げたたとえだが、ＡＫＢ総選挙で1度はセンターを取ったのと同じこと。滋賀県民はもっと胸を張っていい。

約2100年の歴史を持つ大津の日吉大社。西本宮の祭神・大己貴神は、大津京遷都の翌年、都の鎮護のため大神神社から勧請された神

各地に支族を広げた佐々木一族の繁栄

天皇家の血を引く佐々木源氏の誕生

近江八幡市安土町にある沙沙貴神社。ここは生粋の滋賀県民や歴史好きだったら存在を知っているだろう、佐々木一族（宇多佐々木）の発祥の地と伝えられる場所だ。

佐々木一族と聞いて今ひとつピンと来ていない読者のために説明しておこう。かの旧三井財閥も元をたどっていくと、佐々木一族にあたるといわれる名門である（跡継ぎに恵まれなかった三井家が、仕える先の佐々木氏から養子を迎えて当主とした）。他にも幕末期に活躍した大山巌や、明治政府の陸軍少佐になった乃木希典など、日本史の教科書に登場する偉人を輩出。まさに全国に誇る名門中の名門武家なのである。

この佐々木氏、どうして名門になったかというと、天皇家の血筋とされているからである。前述した沙沙貴神社を氏神の社とし、佐々貴山公（ささきやまのきみ）氏は、孝元天皇の血を引き、奈良時代から平安時代にかけて地方官として活躍をしていた。ところが平安中期になると、宇多天皇の流れを汲む宇多源氏が近江に住み着くようになる。そして宇多源氏の雅信王が「源雅信」と称して、「佐々木」を名乗りはじめた。もともとは土着の佐々貴山公氏のほうが勢力を誇っていたが、１１５６年の保元の乱に勝利した後白河天皇側に宇多源氏がついていたために、佐々木の姓は次第に宇多源氏のものとなった（この佐々木氏の出自に関しては各種説がある）。さらに源平の争乱で数々の武功を挙げたことにより、近江守護職は佐々木氏が世襲することに。こうして近江は、佐々木一族の時代を迎えるのである。

滋賀県の主な歴史（平安時代～室町時代）

	事柄
794年	桓武天皇が近江国古津を大津と改称
806年	最澄が天台宗を開宗
823年	比叡山に延暦寺の名が与えられる
1156年	佐々木秀義が保元の乱で源義朝軍に属して戦う
1180年	源頼朝が平家打倒の兵を挙げ、佐々木4兄弟が従軍し活躍
1183年	木曽義仲の追討軍に佐々木高綱が従軍し活躍
1184年	伊賀の平氏蜂起による戦いで佐々木秀義が討ち死に
1185年	源頼朝が佐々木成綱に佐々木荘を安堵
1191年	延暦寺が佐々木定綱の居館を襲撃
1221年	承久の乱で佐々木広綱が上皇方で参戦
1231年	佐々木信綱に近江守護職と佐々木荘が与えられ、同年近江守に叙される
1242年	佐々木信綱が死去
1331年	元弘の変に佐々木惣領家六角時信が幕府軍で参戦
1338年	佐々木庶子家の京極家惣領・佐々木高氏（京極導誉）に近江守護職が移る
1351年	足利義詮が京極導誉に佐々木大惣領の地位を与える
1467年	応仁の乱で京極は東軍、 六角は西軍に属す

※各種資料より作成

六角・京極が台頭！　でも結局は追放……

鎌倉時代に入ると、近江守だった佐々木信綱の息子たちは別の姓を名乗り出した。佐々木宗家の六角氏を惣領家に、庶子は京極氏、大原氏、高島氏を名乗り、琵琶湖を取り囲むようにして割拠した。しかしこれ以降、嫡流の六角氏はことあるごとに庶子三家に発展を阻まれるようになった。1331年に起きた元弘の変で、鎌倉幕府側について敗れた六角時信は、京極氏が与していた足利尊氏に帰順するため、京極の頭領・道誉（どうよ）を頼らざるを得なかった。このときに六角氏と京極氏の立場はあからさまに逆転する。

この後、道誉は南北朝の争乱で尊氏軍として数々の武功を挙げ、近江守護職に任命される。さらに出雲、飛騨、隠岐の守護職も手に入れるなど、躍進ぶりは尋常ではなく、その様子を時信は指をくわえて見ているしかなかった。やがて晴信から家督を継いだ六角氏頼が近江守護職を取り返すものの、すでに京極氏の権威・権勢は、惣領家の六角氏と同等かそれ以上になっていた。

続く1467年の応仁の乱では、六角・京極両氏が直接激突。しかし六角氏は京極氏に惨敗を喫し、再び近江守護職を奪われるという憂き目にあう。しかし六角高頼が頭角を現すと京極氏を一蹴し、近江一国の平定に成功する。勢いに乗った六角氏は、室町幕府に反抗して近江国内の幕領をことごとく侵略するという暴挙に出た。そのため幕府は六角氏征伐を敢行。六角氏は幕府に敗れて所領を奪われ、高頼は甲賀へと逃れた。しかし、タダでは転ばない六角氏は幕府内部のクーデターによって再び息を吹き返すのである。

この時期の六角氏の波乱万丈っぷりは凄まじく、その後も腹心の下克上、湖北の浅井氏の台頭と、周辺の情勢は目まぐるしく変化していった。そのたびに六角氏はギリギリ面目を保ってきたが、結局は織田信長に観音寺城の戦いで破れ、事実上の滅亡を迎えることになる。一方、京極氏も浅井氏に廃されて近江から追放された。こうして平安中期から続いた佐々木一族の近江支配は終焉を迎え、時は戦乱の世を迎えることとなる。

宇多源氏、佐佐木源氏、近江源氏の先祖を祀る沙沙貴神社。佐々木姓発祥の地に鎮座するため、全国の佐々木さんが参拝する

織田軍団の攻勢も結局トホホに終わる戦国の近江

信長の楽市楽座は六角氏のパクリ？

佐々木一族が勢力を弱めた近江を支配するようになったのは、安土を本拠地とした織田軍団である。安土なんて近江の一地名にしか過ぎないのに、のちに「安土桃山時代」なんて呼ばれるほど、その名が全国区となったのはスゴイことではある。まあ、信長が拠点として定めたくらいだから、近江の地がどれだけ重要だったかは推し測るまでもない。単に戦略上の理由だったという説もあるのだが、交通の要衝の近江を押さえなければ、天下取りなんて言っていられなかったのだろう。

晴れて信長のお膝元となった安土は、それはもう誰もが舌を巻くようなスピードで発展を遂げていく。ちなみに元経済企画庁長官の堺屋太一氏によれば、安土の成長は日本の歴史における長期に渡った高度経済成長の3事例のうちの1つらしい。その大きな要因となったのが、楽市楽座。特権商人を排除して自由な商業を奨励した政策として、あまりにも有名だが、この政策を行ったのは信長が最初ではない。実は1549年に六角定頼が観音寺城の城下町に楽市令を敷いたのがはじまりだとされている。信長は六角氏の政策を有効と見てパクったのである。

そもそも安土城が観音寺城跡のすぐ近くに築城されたのも、すでに周辺の商業がかなり先進的に整備されていたからに違いない。安土が水陸交通の要衝だったというのは一理あるが、低湿地帯に囲まれ、埋め立てをしなければ城下を拡大できないというのに、わざわざ信長がここを選んだのには相応の理由があったのだ。

信長は楽市楽座の他にも、東山道往還の商人に対して安土城下で宿をとるようにしたり、他国からの移住を奨励したりと、あらゆる政策を用いて安土の繁栄を図った。家臣が故郷に妻子を残していたら、故郷の家を焼き払ってまで移

滋賀県の主な歴史（戦国時代～安土桃山時代）

	事柄
1475年	観音寺城下で多賀高忠・延暦寺衆徒と六角高頼が戦う
1487年	足利義尚が六角討伐軍を率いて出陣
1496年	土岐政房・斉藤利国と京極高清が連合で蒲生貞秀を攻める
1502年	伊庭貞隆が六角高頼と戦う（第１次伊庭の乱）
1568年	織田信長が近江侵攻。観音寺城が陥落し六角氏が甲賀に逃亡
1570年	浅井長政が織田信長に反旗を翻し、姉川の戦いが起こる
1571年	織田信長が比叡山を焼き討ちにする
1573年	織田信長が小谷城を攻め、浅井久政・長政親子が自害
1576年	安土城の築城が始まる
1582年	本能寺の変が起こり、明智光秀が安土城に入るも、山崎の合戦で殺される
1583年	秀吉が賤ヶ岳の戦いで柴田勝家を破る
1584年	秀吉が延暦寺の再興を許す
1591年	秀吉が近江一国で検地を実施
1599年	石田三成が佐和山城へ退去
1600年	関ヶ原の戦いで東軍が勝利し、石田三成は斬首。佐和山城に井伊直政が入る

※各種資料より作成

住させる徹底ぶりで、またたく間にメジャー都市へと発展させていった。それもこれも六角氏による観音寺城下の発展が土台にあったからだと考えられる。

安土を発展させた信長もスゴいが、天下の信長に政策も町の土台もパクられた六角氏もまたスゴかったといっていいだろう。

明智・豊臣の二大巨頭が発展させた近江の経済

さて、ここで忘れてはならないのは、信長より先に県内で築城したのが明智光秀と豊臣秀吉という事実だ。光秀は琵琶湖の南岸に坂本城を、秀吉は琵琶湖の北岸に長浜城を、それぞれ構えている。この2城は、安土城よりも先に築かれたものだが、この3カ所を拠点にして琵琶湖水運のネットワークを作り上げるのが目的だったともいわれている。

とくに坂本は、近江国内の大多数の荘園を管理していた比叡山延暦寺や、中世には高利貸しとして類まれな財テク力を誇っていた日吉大社の門前町。金融業者や運送業者が集まるビッグシティだった。

信長が坂本の経済力を見逃すはずもなく、比叡山焼き討ちの3カ月後、いち早く光秀に築城を申し付けている。建てた城のきらびやかさもハンパではなく、宣教師のルイス・フロイスも「豪壮華麗」と評するほどだった。のちに秀吉によって廃城にされているが、今も下阪本バス停付近にある明智塚には、名刀や銃器などが埋められているらしい。１９７９年の発掘調査でも豪華な陶磁器などが見つかっており、もしかしたらかなり希少な遺物が残されているかもしれない（民家があるから掘り起こせるわけもないんだけどね）。

一方、長浜城に秀吉が居城した期間は10年にも満たなかったが、今も秀吉は長浜民に深く愛されている。毎年4月に行われる長浜曳山祭は、京都・祇園祭にも負けない豪華な山車が出ることで有名だが、これは秀吉が在城した時期に男子が生まれたことを祝って、町人が山車を作ったのがはじまり。そんなにも愛される理由は、豊臣政権時代に、湖上貿易の重要拠点として、長浜に特権を与えたからともいわれている。

こうして織田軍団の名将たちによって発展した近江は、主要都市が圧倒的な経済力を誇ったものの、結局は関ヶ原の合戦で近江出身の石田三成が徳川家康

長浜（左）に羽柴秀吉、坂本（右）に明智光秀と、織田信長は近江の要所といえる場所に有能な武将を配置した

に討たれてしまったことで斜陽に。佐和山城では、石田の一族郎党が戦死、あるいは自害したというから、まさに根絶やしにされたのだ。

豊臣から徳川に天下が移って遥か遠い江戸が首都となり、近江の地は、大津京に続いてまたもや歴史の主役になり損なった。まあ、それが悲運の滋賀らしいところなんだけどねえ。

彦根藩の存在感と近江商人に彩られた江戸期

江戸時代の県庁所在地彦根が優遇されたワケ

畿内どころか遠く江戸に首都が移ってしまったものの、近江の要衝としての性格は変わりようがない。信長や秀吉にあれだけ注目された地なのだから、当然といえば当然である。だから、時代が変わっても近江の要衝としての機能は失われることはなかった。

しかも、江戸初期はまだ大坂に豊臣秀頼がいたために、西国の監視という意味合いでも重要拠点とみなされることになった。日本史の三英傑（信長、秀吉、家康）にこれだけ注目を浴びるとは、さすが天下を制する地の面目躍如。いっそのこと近江に幕府を開けばよかったのにとも思うが、そんなこと今さら言っても仕方がない。

とにもかくにも、家康としては信頼できる大名に要衝・近江を任せたかった。そこで白羽の矢を立てたのが「徳川四天王」と呼ばれた井伊直政である。直政は始め、石田三成の居城だった佐和山城に入ったが、家康の命によって彦根城が築かれることになった。その彦根城は、世界遺産登録は果たしていないが、天守が国宝に指定されるほどの名城であり、近江民の誇りとなっている。

さて、井伊家は5人もの大老を輩出するほど、徳川の歴代将軍に特別視された大名であり、彦根藩自体も近江国内での支配力を強めていった。石高は35万石。近江一国で84万石ほどだから、そのおよそ4割を占めたことになる。近江国内での彦根藩の対抗馬は、のちに本多氏が城主となる膳所藩の6万石がいいところで、幕府直轄領の代官を命じられた多羅尾氏はせいぜい2万3000石。他は1万石台の小藩が林立した上に、移封や転封が絶えなかった。さらに、他国の大名領が19万4000石に上り、彦根藩以外の所領は「細かくみじん切りにされた」という感じだった。

その背景には、やっぱり京都に近い要衝の地というのが関連している。所領

滋賀県の主な歴史（江戸時代）

	事柄
1601年	徳川家康が戸田一西を大津城に入れる
1604年	井伊直継・直孝が彦根城築城
1606年	内藤信成が4万石を拝領して長浜に入る
1608年	松平定勝が高島・志賀郡内で4万石を拝領
1630年	井伊直孝が5万石を加増され、30万石になる
1635年	延暦寺の諸堂舎造営が始まる
1648年	中江藤樹死去
1662年	高島郡で大地震が起きる
1679年	幕府が彦根藩と大垣藩に命じ、近江の幕領の検地を実施
1761年	彦根藩領で柳川騒動が起きる
1782年	大津で打ちこわしが発生
1799年	彦根藩が藩校を設立
1802年	琵琶湖周辺で大水害が起きる
1819年	湖東で大地震が起きる
1831年	本格的な瀬田川改修が実施される
1850年	井伊直弼が彦根藩主となる
1855年	水口藩が藩校を設立
1860年	桜田門外の変で井伊直弼が暗殺される

※各種資料より作成

が小さければ領主の力は弱まるし、井伊家の彦根藩に逆らえる者も近江内にいなくなる。江戸時代の彦根は、近江で敵なし、近江の首都と呼ぶにふさわしい存在だったといえるだろう。

所領細分化の副産物　廃業武士が近江商人に⁉

だが、所領の細分化は意外なところで近江に繁栄をもたらした。移封や転封で廃業せざるを得なくなった武家が商人（近江商人）となって活躍したという説があるのだ。そもそも藩が小さすぎて藩内の経済だけで賄っていくのは不可能だから、行商に出るしか稼ぐ方法がなかったという。近江商人は中世にはすでに誕生していたとされているが、江戸期の飛躍は廃業武士の力によるところもあった⁉

また、江戸期の近江商人の輩出に一役買ったのは佐々木一族ともいわれる。その一派の京極氏は若狭と丹後で大名になっていたが、近江国内ではその名前を聞くことはなくなっていた。というのも、彼らの多くは近江商人へと姿を変えていたからという説がある。八幡商人の西川伝右衛門、市田清兵衛、日野商人の鈴木忠右衛門、中井源左衛門などが、それに当たるといわれている。真実かどうか不明なところもあるが、いずれも豪商と呼べる大店となった。

その中でも中井源左衛門家の帳合法（簿記）は、西洋の複式簿記とは異なる手法の決算報告書を用いて店の経営をしていた。この高度な簿記法が発展したのは、近江出身で日本最初の主計となった増田長盛、長束正家らの功績によるところが大きい。彼らは豊臣家の蔵入地の管理と太閤検地を実施した人物。近江には寺子屋も無数にあったとされ、学習環境に恵まれた近江人は頭も良かったのだ。

ただ、近江人の頭が良いのも玉にキズ。先見の明があった井伊家最後の当主・直弼は、開国するのを急いで暗殺されるハメになる。今となっては開国の判断は正しかったのだが……。

関ヶ原の戦いに勝ち、天下を制した徳川家康は、京と西日本に睨みを効かすべく「徳川四天王」の井伊直政を彦根に配した

史上初！滋賀が〝日本の田舎〟になった近現代

交通インフラの整備で要衝の価値が急落

これまでざっと歴史を追ってきて、近江がどれだけ〝歴史的〟に重要なエリアだったかはおわかりいただけただろうか。繰り返し何度も交通の要衝だったことは述べてきたが、このことで近江は、そうそうたる日本史上の偉人に特別視されてきた。

しかし、それはあくまで京都に朝廷があり、しかも東西を結ぶ結節点にあるというのが大きな理由。つまり、戦略上の価値があるからで、明治維新によって皇居が東京に移ったことは、近江から大きな価値を奪った。

そうしたネガティブな状況にさらに追い討ちをかけたのが、明治中期の鉄道敷設。日本海沿岸を走る北陸線や東海道線が整備されたことによって、湖上交通で潤っていた近江の港湾都市は大打撃を受けることになる。大津は江戸時代から全国の米の集積地として市況にも影響を与えるほどの存在だったが、鉄道輸送のせいで重要度が急速に低下。琵琶湖北部の拠点であった塩津などは、北陸線と東海道線の接続によって単なる通過点になってしまい、荷物が降ろされることもなくなり、一気に衰退してしまった。

交通インフラの整備によって、地の利（琵琶湖）を活かした商売が難しくなり、滋賀は近代化を余儀なくされた。当時の県令は、「絶対成功するから」と、豪商化していた近江商人たちを口説いて近代企業を設立。しかし、昔ながらの商売の方法しか知らない近江商人たちは苦戦を強いられ、しばらくは起業しても倒産するという負の連鎖に陥ってしまう。

その中で成功したのが製糸工場である。湖北地域に集中していた養蚕業が家内制から工場制へと転換、このとき設立された近江帆布株式会社（現シキボウ）の工場は、今も近江八幡市で現役を続けている。近江商人の近代化に合わせて、滋賀は主産業を農業から工業へとシフトチェンジさせていったのである。

滋賀県の主な歴史（近現代）

	事柄
1868年	大津県が設置される
1871年	長浜県が設置される
1872年	大津県を滋賀県に改称。 同年長浜(犬上)県と滋賀県が合併
1876年	彦根で博覧会が実施される
1889年	県内の東海道線が全通
1891年	大津事件発生。 同年県庁の彦根移転問題がおこる
1926年	東洋レーヨン滋賀工場創設
1931年	江若鉄道の浜大津～今津間が全通
1936年	再び県庁の彦根移転問題がおこる
1945年	彦根、大津、長浜などに空襲。 米軍が大津に進駐
1949年	滋賀大学が創立
1950年	琵琶湖周辺が日本最初の 国定公園に指定される
1962年	工場排水などで琵琶湖の汚染が拡大
1964年	名神高速道路の滋賀県内部分が開通。 米原駅が新幹線停車駅に
1974年	湖西線が開通
1975年	滋賀県が財政危機で非常事態宣言
1977年	琵琶湖で淡水赤潮が発生
1980年	北陸自動車道の米原・敦賀間が開通
2009年	大津市が中核市に移行
2011年	大津市中2いじめ事件発生

※各種資料より作成

ホワイトカラー流出で工場と労働者が増加

それでも県内の工業は湖南地域に集中しており、それ以外の地域は働く場所にも困るほど産業が発展しなかった。そのため多くの滋賀県民が、稼げない県内より県外の大都市へと移動（やっぱり損得勘定にはシビア）。湖南地域を除いては軒並み流出人口が流入人口を超え、大正期の坂田郡鳥居本村（現彦根市鳥居本町）では、流出超過人口割合が約4割にまで及んだという。

こうした流出は何も人口だけではない。有力な豪商たちも大都市圏で起業するようになった。その最右翼は現豊郷町出身の伊藤忠兵衛（初代）だ。1872年、大阪に呉服商「紅忠」を、1893年には日本発の綿糸貿易商である「伊藤糸店」を設立。またたく間に世界へ商圏を拡げた伊藤忠兵衛の会社は、半期に1000万円を売り上げるほどの勢いで成長をした。ちなみに当時の1000万円を現在の貨幣価値でいうと、およそ100億円。半期での売り上げだからハンパではない。この伊藤忠の他にも、丸紅や兼松などが京都や横浜など大都市圏に進出して成功を収めている。さすが機を見るに敏な近江商人である。

戦後、近江牛や近江米など特産品のブランド化を進めた滋賀。ただ東京にアンテナショップも出店しているが、マイナー感は拭えない

一方、県下では東洋紡のレーヨン工場が作られたりしたが、ホワイトカラーはほとんど大都市部へ流出して県内にはブルーカラーが残り、滋賀は工場ばかりが目立つ田舎へと変貌していった。

しかし昭和になると、戦後に三洋電機の滋賀工場では世界初の乾燥機付き二槽式洗濯機が誕生したり、近江牛のブランド化が進んだりして、「滋賀ブランド」が全国区になるなど健闘は見せてきた。しかし、現状を考えると、もはや全国のメジャー県の地位に返り咲く要素は無さそう。これからもマイナー・ポジションの県として、慎ましやかにあり続けることになるのか？

琵琶湖湖畔には大小の内湖が形成されていたが、そのほとんどが昭和30年代の干拓事業によって陸地化した

1977年の赤潮騒動に代表されるように、昭和期の琵琶湖では水質汚染が問題視され、地元民は「せっけん運動」を展開した

滋賀県コラム 2

巨大な権勢を誇った延暦寺

「寺」という言葉の響きには、荘厳で静かで清らかなイメージがある。しかし、比叡山延暦寺と聞いて真っ先に思い浮かべてしまうのは、1571年に起きた織田信長による焼き討ちだ。世界遺産にも登録された素晴らしい寺院には違いないが、どうしても血なまぐさいイメージがつきまとう。

延暦寺はかつて強大な権力と武力を誇っていた。中世においては近江国内の荘園を所有する最大勢力で、経済力はもとより軍事力も持ち合わせていた。いわゆる「僧兵」である。こうした延暦寺の経済力・軍事力を見て、当時、強大な権力を誇った白河法皇をして「賀茂川の水、双六の賽、山法師。これぞ朕が心にままならぬもの」という言葉を残している。ここでいう「山法師」とはもちろん延暦寺の僧侶たちのことだ。かの平清盛をして、攻めるのを嫌がったというから、まさに向かうところ敵なしであった。

延暦寺は、気に入らない武将や寺院があれば朝廷や幕府に処罰を要求したりもした。これは「強訴」と呼ばれるもので、武装した僧兵が神輿を振りかざし、半ば脅迫に近い感じで自分たちの要求を呑むように訴えた。単刀直入に言えば「武装したデモ隊」だ。そんなどうにも手のつけられなかった延暦寺に対して、信長より１４０年も前に強硬な態度を取った武将がいる。室町幕府６代将軍の足利義教である。

その発端は代官を担っていた僧の猷秀（ゆうしゅう）に対して、延暦寺の僧たちが不正を訴え、義教はしかたなく猷秀を土佐に配流したことに始まる。これで調子に乗った延暦寺の大衆は、園城寺が猷秀の排斥に加わらなかったとして焼き討ちしてしまうのである。これにブチキレた義教は軍を派遣。延暦寺側はいったん降伏するも京都への通り道に木戸や塀を設けて挑発。勘弁ならない義教は湖東の延暦寺の所領を押収して、門前町の坂本に火を放った。対立を深める一方で、諸大名たちは義教に延暦寺を許すように進言した。さらなる抗争を避けるためだ。義教はその進言を受け入れたかに見えたが、出頭してきた延暦寺の山門使節4人を即斬首に処した。これに絶望した残りの使節24人は根本中堂に火を放ち自害。この事件はもうひとつの比叡山焼き討ちともいわれている。

寺社勢力の中でも最高の権勢を誇っていた延暦寺だが、最澄に始まり、栄西や日蓮など仏教史に燦然と輝く高僧を輩出している。どちらにしろ、日本屈指のスゲェ寺なのは間違いない。

第3章
滋賀県民って
どんなヒト？

琵琶湖中心のエリア分けで起こる対立と無関心

地域交流の点で琵琶湖は厄介者

滋賀県は大まかにいうと4つの地域で区分される。京阪にもっとも近く、県都・大津を中心に商工業化が進む「湖南地域」、近江商人を輩出し、歴史のある街も多い「湖東地域」、北陸とのつながりが深い「湖北地域」、そして高島市1市で構成されている「湖西地域」の4つである。ただし、湖南地域と湖西地域の境界線に関しては、歴史・文化的に大津市北西部の志賀、雄琴、堅田や比叡山などを湖西地域に含む見方もあるので少々ややこしい。また、甲賀市周辺は湖南地域ではなく「甲賀地域」と分けて考えるべきという見方もある。本書では大津市域と甲賀地域をすべて湖南地域とするが、あくまでも「大まか」な

くくりの地域分けなので、「ここは湖西だ！」「うちは甲賀だ！」と思っている大津市北西部や甲賀市周辺の方々にはご了承いただきたい。

さて、滋賀の地域分けの基準になっているのは、もちろん琵琶湖である。なるほど、琵琶湖を中心にして東西南北に地域分けするのは理にかなっている（というか、こう分けるしかないよなあ）。ただ、行政上の地域区分は決めやすいが、地理的に県の真ん中に巨大な湖があるというのは、地域関係においてはデメリットになり得る。

琵琶湖というのは滋賀県民にとってかけがえのない存在である。だが一方で地域間移動を妨げる厄介な存在だ。とくに県内の南北移動は琵琶湖を迂回することになるので、南北の地域交流は必然的に少なくなる。もちろん、交流が少ないことは地域独自の文化や気質を育むことにつながる。しかし、滋賀県民としての一体感はどうしても出にくくなる。

大自然が地域間交流を阻害し、まとまりを悪くしている代表県は長野だ。以前、当シリーズで長野を扱い、筆者はその執筆にかかわった。長野では南北に伸びる山地が境界線になって地域が分かれていた。人が主に居住するのは盆地で、山に囲まれていて外部との交流が少ないので、昔から盆地ごとに独自の文化が育まれてきた。そうした風土のせいか各地域の自主独立心は非常に旺盛で、県内にはまるで一体感が無かったのである。

琵琶湖の対岸は遥か遠い異国

じゃあ山ではなく巨大な湖を基準に4つの地域に分かれる滋賀も各地域がバトっているのか？

琵琶湖のせいで南北間の交流は少ないものの、長野のような対立を生んでいるわけではない。それよりもお互いがとにかく「無関心」だ。たとえば湖東の彦根民が言っていたのは「湖西（高島）は外国」。両地域はもちろん陸（鉄道）でつながっている。しかし、湖東民にとって琵琶湖の対岸の湖西地域は「海の向こうの遥か遠い国」という印象が強く、一度も行ったことがないという人も大勢いる。湖東と湖西でそれなら、湖南（甲賀）と湖北（長浜）なんて北半球と南半球くらいのスケールで離れているような感じだろうが、確かに湖北民は大津のことを知っていても（琵琶湖線が通っているのが大きい！）甲賀はまったくピンと来ないようである。まあ、甲賀民にとってもそれは同じ。長浜なんてもはや福井扱いである（天気予報も違うしね）。こうしたケースは得てして面積の広い県で見られるが、滋賀のような狭い県でも琵琶湖という「大湖」が

琵琶湖は滋賀人の母なる湖だが、県内各地への移動の障害にもなっている。ゆえに滋賀県の地域分断感はハンパない

あることで、とくに対岸にあたる地域は、同県にありながら他国感が異常にスゴいのである。

それに基本的にかかわりが無いなら、わざわざ交流を持つこともないというのが滋賀流。生粋の滋賀県民は閉鎖的といわれるが、まさにそれを地で行く格好だ。だが無関心は対立を生まないかもしれないが、連携も生まない。こうした点でいえば、先述の長野と一緒で県の一体感はない。ただ、バトる長野は明るいが無関心の滋賀は暗い。こんなところはお国柄か。

京ことばに近い？近江弁の複雑な世界

滋賀県民が持つ不思議な二面性

滋賀県民は関西人なのか？　この問いを当の滋賀県民にぶつけてみると、「関西人やろなぁ」と返ってくる。まあ、普段はそんなこと別に意識してないというのが本音だろうが、たまに「関西人らしくないですね」と言われると、逆に喜んだりするのも滋賀県民なのである。また、京都にすり寄りながら、京都には決して従属しないという強い意志を持っているのも滋賀県民。大津のオッチャンが「京都はたいしたことあらへん」と言っていたが、その自信は一体どこから来るのか？　滋賀基準恐るべしである。

滋賀県民にこのような不思議な二面性が見られるのは、プライドが高いせいなのかもしれない。滋賀は近畿地方だが「畿内」の範疇に含まれない（県民は畿内だと思っているかもしれない）。しかも岐阜に接していたりするから、他の関西人に中部・東海地方と揶揄されることもある。それでも滋賀というのは、我が国の歴史の王道を歩んでいる地域のひとつ。だから県民には風土に根差したプライドがある。「自分たちは関西人だ」というのはプライドの表れだが、その一方で、京阪ばかりクローズアップされる関西というくくりの中で、滋賀のヒエラルキーが下であることに納得が行かない気持ちもあり、「関西らしくない」と言われて喜んだりもするのである。といいながら、滋賀を誉めたりすると「滋賀はひどいもんですわ」と急に自虐的になったりもするので、けっこう面倒くさい（扱いづらい）のだ。

複雑な方言だが味わい深い印象

前置きは長くなったが、ここから本題の近江弁の話。だがこの近江弁、県民同様かなり複雑かつ非常に難解だ。滋賀の言葉は京ことばに近いが、地理的に関西、北陸、中部・東海の交通の結節点にあたるので、地域によって方言がビミョーに変わる。湖南地域は大阪弁＋京都弁、湖西地域は京都弁、湖東地域は京都弁＋美濃弁＋尾張弁、湖北地域は美濃弁＋尾張弁＋北陸弁＋京都弁という具合か。アクセントも特殊で、基本的に京阪のアクセントなのだが、湖北では京阪アクセントの他に、岐阜の垂井式に類似のアクセントも存在する。また「滋賀」のアクセントは、一般的な関西弁では「し（高）が（低）」だが、近江弁では「し（低）が（高）」。琵琶湖も「び（低）わ（高）こ（低）」ではなく、「び（高）わ（低）こ（低）」。そのため、これらの言葉は滋賀県民判定装置と化している（他に彦根や安土のアクセントもそう）。

さらに大まかに分けると県の南北で使う言葉が違ったり、方言が変化したりして、同県民ながらまったく通じないというケースもある。北部でいうと、湖北地域で使われる代表的な言葉は語尾に付ける「やんす」（～しなさる）。ここから派生して「来ゃんす」という言い方もする。彦根周辺も伝統的近江弁の宝庫で、「だんない」（問題ない）、「ええほん」（いいって）、「せんどする」（疲れる）など。また語尾に「～け」を付けたりする。一方、南の大津になると「～

しはる、～してはる」など「は」を入れるのが特徴。また、県民の代表的な共通言葉には「えらい」（疲れる）がある。しかし、近江弁は若い世代になるほど使われなくなってきている。移住者の増加も要因のようだ。

当テーマの紙幅で近江弁の世界をすべて説明するのは到底不可能だが、結局のところ、言葉自体は大阪人が使う関西弁のキツさに比べれば随分と柔らかく、そして温かい。たとえば「おいでやす」。これは京都弁のようだが、語尾の「～やす」は敬意を表す尊敬語として滋賀の年配者はよく使うし、「おきばりやす」なんて挨拶は味わいがある。「食べる」にしても、「食べる」の他に「よばれる」「食う」と使い分ける。ひとつの単語をＴＰＯで使い分けるのは、対人関係に気を使う近江商人の性質から生まれたものだろうか。

でも、県の東西南北で言葉が違うなんて、これもやっぱり琵琶湖の影響が大なんだろうな。

京都弁とも大阪弁とも異なる近江弁だが、年配者が年少者に言葉を伝える機会は少なくなっている

野洲で見かけた「おいで野洲！」のダジャレ看板だが、滋賀で「～やす」は敬意の高い尊敬語

男は偉そう 女はしたたかでも円満な滋賀の男女関係

滋賀の男性は意外に男尊女卑

生粋の滋賀男性は、地味な滋賀県のイメージそのままに、性格は暗いが真面目で勤勉、思慮深いのが特徴とされる。女性からすれば面白味こそないが黙々と働くタイプなので、結婚したら一生食いっぱぐれがない「堅実派」ということもできるだろう。

先に挙げた特徴は、一般的にいわれるところの県民性だが、当の滋賀県民に聞いたところ、暗い、勤勉、思慮深いなどの項目については「確かにそうやろね」と肯定している。ただ、パッと見暗くて思慮深いところは、得てして悪い印象を持たれがちだ。他県女性の滋賀男性に対する第一印象で多いのは、「何を考えているかわからなくて怖い」だというから、これはひどい。「第一印象で決めてました！」が期待できないのだから、他県民と一緒に合コンになったら圧倒的に分が悪いぞ！

だが、滋賀男性の第一印象は悪くても、話をすればスルメのように味が出るタイプ――かといえば、実はそうでもないのがまた悲しいところ。言葉足らずなところがある上、「そんなことは言わないでもわかれよ！」的な性格。だからそうした性格をわかって汲んでやれる生粋の滋賀女性か、他県女性ならばよっぽどウマが合わないと付き合い切れないし、そもそも恋愛関係には発展しづらい。しかも男は超見栄っ張りで、女は男を立てるのが当たり前と思っている。いうなれば「男尊女卑」なのだ。そのため、伝統的な滋賀の家庭に嫁いだ他県女性は苦労するという話を聞いた。現地の慣習に合わせるのは大変だし、嫁いだ家では遠慮がちにしていなくてはならないという。滋賀県民は基本的にヨソ者が好きではないから、我慢を強いられることも多々あるようだ。

男は威張っていても夫婦生活は円満？

とはいえ、こんな前時代的な男女関係は、昔と比べればだいぶ減っているようではある。とくに移住が進んでいる湖南地域では、地元民もかなりオープンな性格で、移住者（ヨソ者）にやさしい。保守的というより革新的なのだ。けれど湖東などの「ザ・滋賀」地域に行くと、伝統をやたら重んじる排他的で保守的な性格は、根っこの部分でしっかりと残っている（ヨソ者は嫌いだけど客商売は上手なんだよねえ）。その証拠に自治会では、上座に男が陣取り、女性はすべて末席（というか婦人会以外の役員は男ばかり）。男は立てられるものという意識は古い世代になればなるほど強い。

しかし、滋賀の女性はしたたかだ。男の性格を把握し、男を立てて仕事をさせれば自分がラクになるとわかっている。他県から嫁いだ女性も、長年夫婦生活をやっていると男をどう乗せればいいか、そのコツがわかるらしい。

とはいうものの、女は基本的に我慢し、男は威張っているのだから、夫婦円満とはいかないのでは？　と思いきやさにあらず。厚生労働省のデータによれば、滋賀の離婚率（２０１２年）は１・６８で、47都道府県中34位と意外に低い。これについては、滋賀の男女は共にパートナーの浮気や不倫を絶対に許さない性格だからという指摘もある。結局は男性にしろ女性にしろ、生粋の滋賀県民というのは真面目なんだよね。

※　※　※

厚生労働省が２０１７年末に発表した「人口動態統計の年間推計」で最新の離婚率を調べると、日本全体が１・７０パーセント（１０００人あたり１・７人が離婚している計算）。日本は世界的に見ると離婚が少ない国のひとつである。ただ都道府県別で見てみると、もっとも離婚率が高い沖縄県（２・５３パーセント）から、もっとも低い山形県（１・３５パーセント）まで意外と差がある。所得など社会的要因や気質など地域間の差を生んでいる背景はさまざまだが、滋賀県自体は35位（１・６７パーセント）と、２０１２年とほとんど変わらなかった。新住民ファミリーは滋賀ライフに満足しているのだろうし、根っからの滋賀人は浮気や不倫を許さない真面目気質だけあって、離婚率の変動があまりなかったのかも。まあ何にしろ仲睦まじいのはいいことだ。

公務員になるのをあまり好まないといわれる滋賀の男性。営業マンになって物を売ることに喜びを感じるのだそう。さすが近江商人

大津の新住民らしきマダム軍団。新住民たちは前時代的な男女関係とは無縁で、妻が旦那に小うるさくハッパをかけるのもフツー

トクにならんもんはやらんから教育もスポーツも弱い

子供の学力が低すぎるぞ！

教育県かそうでないかというのは、意外に地域の歴史が影響していたりするものだ。

江戸期、現在の県の元になる藩の殿様が、領地に藩校や研究所などを作って積極的に学問を奨励していたりすると、教育に力を入れることがその地域の伝統になったりする。また、明治初頭の学制の発布（小学校が義務教育になった）で、就学率の高かった県も教育県だといわれる。前者の代表は熊本県や山口県、後者は長野県だ。

ちなみに滋賀県にも明治初頭、金沢藩領だった今津村（現在の高島市）や水口県（現在の甲賀市一帯）に「小学（小学所）」が開設されたという。小学とは県内に小学校ができるまで暫定処置的に設けられた学校。藩校に類似していて教育内容も比較的高度だったが、身分にとらわれず広く民衆に門戸が開かれていた。しかし、両校はいずれも廃校となり、後の小学校にはつながらなかったそうである。

だが、教育に熱心な歴史や伝統がある県だからといって、子供の学力テストの結果にそれが反映しないのが面白いところ。124頁の表を見ても、先の山口・熊本・長野県はランキング上位に入ってこない。一方、例年上位に入ってくるのが、秋田・福井・石川・富山県。これらの県は、深い雪に閉ざされて勉強しかやることがないから学力が高い、なんて揶揄されたりするが、実際には何とかこのポジションを維持しようと、県と学校が一体となって子供の教育（学力アップ）に力を入れている。

たとえば学力上位県の代表格の秋田県は、かつて学力テストで全国40位台に低迷。「これでは故郷に胸を張れない。この状況を何とかしなくては」と教育改革を進め、2001年から多額の県費（約56億円）をかけて「少人数学習推進事業」を実現させた。こうした少人数学習システムの確立とそれに伴う現場の努力が、秋田県の子供の学力向上に大きく寄与したといわれている。

学力を高めるだけが教育じゃないという人もいるだろうが、子供の学力が高いというのは素晴らしいことだし、秋田県を筆頭に地域のよいPRになっているのは間違いない。

で、いよいよここからが本題。いくら教育は学力だけじゃないよ、といっても、滋賀県の小学生の学力（全国45位）と中学生の学力（全国41位）ってちょっとひどくないか？　小中ともに全国の底辺レベルというのは、移住が活発の滋賀にして、かなりのマイナスイメージだと思うのだが……。

でもこれって、滋賀の歴史や風土と県民性によくよく照らし合わせてみると、実は納得できる結果でもあるんだよなあ。

一般学問よりあくまで実学

滋賀、近江の歴史とくれば、どうしてもクローズアップされるのが近江商人

全国学力テストランキング(2017年)

小学生			中学生		
順位	都道府県	全教科平均正当率	順位	都道府県	全教科平均正当率
1	石川県	70.25%	1	福井県	71.5%
2	秋田県	69.5%	2	石川県	70.25%
3	福井県	67.75%	3	秋田県	70.0%
4	富山県	66.75%	4	富山県	68.25%
5	愛媛県	67.0%	5	愛媛県	67.75%
6	東京都	66.5%	5	岐阜県	67.25%
6	青森県	66.5%	5	東京都	67.25%
6	広島県	66.5%	5	静岡県	67.25%
9	京都府	65.75%	5	群馬県	67.25%
9	茨城県	65.75%	9	愛知県	67.0%
9	岩手県	65.75%	9	兵庫県	67.0%
45	滋賀県	62.0%	41	滋賀県	63.75%

※小中学校ともに公立校のみの数字

の存在である。江戸期以降の近江商人の大活躍もあって、近江内のヒエラルキーでは、伝統的に商人の階級がバカ高い。その証拠に、旧一中の彦根東高、旧二中の膳所高という学力の高い名門ツートップ高をよそに、県内では八商（八幡商）が名門中の名門なのである（年輩者はとくにそう思っている）。

そんなわけで、商売に役立たない机上の学問を

全国体力・運動能力調査ランキング（2015年）

小学生					中学生				
順位	都道府県	各種目合計点			順位	都道府県	各種目合計点		
		男子	女子	合計			男子	女子	合計
1	福井県	57.74	59.89	117.63	1	福井県	45.48	53.72	99.20
2	茨城県	56.31	58.95	115.26	2	茨城県	45.08	53.14	98.22
3	新潟県	56.20	58.37	114.57	3	千葉県	44.44	52.76	97.20
4	秋田県	56.00	58.27	114.27	4	埼玉県	44.25	52.88	97.13
5	石川県	56.07	57.58	113.65	5	石川県	44.71	51.48	96.19
6	埼玉県	55.67	57.82	113.49	6	新潟県	44.72	51.36	96.08
7	広島県	55.95	57.38	113.33	7	岩手県	44.25	51.17	95.42
8	富山県	55.10	57.66	112.76	8	秋田県	44.42	50.72	95.14
9	千葉県	55.29	57.15	112.44	9	広島県	43.67	50.91	94.58
10	大分県	55.51	56.62	112.13	10	静岡県	42.83	51.24	94.07
39	滋賀県	53.49	53.91	107.40	19	滋賀県	42.60	48.94	91.54

※調査対象は全国の国公私立学校。小学校（特別支援学校含む）は第５学年、中学校（中等教育学校、特別支援学校含む）は第２学年

したって意味がないという考え方が、現地には根強く残っている。国語や算数を学ぶよりも実学（医学・法律学・経済学・工学・農学などの社会生活に役立つ学問）を重視し、それを徹底的に教え込むのである。基本的に「トクにならんもんはやらん」という考え方をするから、学力テストの結果が芳しくないのも当然である。ただ、いくら実学を重視するといっても、

そもそも基礎学力がなくては実学なんて身につかないと思うのだが……。

スポーツを楽しむ環境が少ない！

学問でさえそんな捉え方をするのだから、スポーツに関してはもっとその傾向が強くなる。

滋賀は「スポーツ弱国」である。近年、野洲高が全国高等学校サッカー選手権大会で優勝を果たしたが、いわゆる「滋賀のスポーツにおける快挙」はこの野洲高と、当時の優勝メンバーのひとりだった乾貴士（近江八幡市出身）が、2018年のFIFAワールドカップで獅子奮迅の活躍をしたこと。あるいは2001年に夏の甲子園大会で近江高が準優勝したくらいか。

近江高が出たところで高校野球についていうと、近畿2府5県で唯一甲子園優勝経験の無い滋賀は最弱県といっていい。であればこそ他府県から野球留学者が滋賀に集まってもいいのに、有力な受け入れ先は近江高に集約されてしまう（しかも滋賀の子は他県に野球留学するという悪循環）。ただ、独占の弊害ということでは先のサッカーの野洲高もそうで、各競技で有力校が群雄割拠していない現在の状況は、滋賀のスポーツ界にとって良いとはいえない。

そもそも滋賀の子供はスポーツの魅力を味わえる環境にもない。何せプロスポーツチームが少ないのだ。プロとなるとｂｊリーグ所属のバスケットボールチーム「滋賀レイクスターズ」と、ＪＦＬ所属のサッカーチーム「ＭＩＯびわこ滋賀」「ＳＡＧＡＷＡ　ＳＨＩＧＡ　ＦＣ」のみ。２０１７年には「滋賀ユナイテッドベースボールクラブ」が独立リーグのベースボール・チャレンジ・リーグに参戦したが、人気と知名度は皆無といってもいい。

滋賀県には滋賀レイクスターズが創設される２００８年まで、プロチームはひとつもなかった。どれだけ滋賀がスポーツ不毛の地であり、人々がスポーツに価値を見出していなかったかがわかるだろう。現実にプロスポーツ選手としてモノになる人間が一握りである以上、スポーツに力を入れるのは無駄なように思えるが、スポーツをドライに捉え過ぎるのはつまらない。

滋賀の中学生の運動能力の高さ（全国19位）はデータで証明済。もうちょっとスポーツに力を入れてもいいように思うが、どうだろう？

滋賀県民の寿命が全国1位のナゼ

意外とバカにできない県の健康対策

一般的に「長生きな県」と聞いてイメージするのは長野県や沖縄県あたりで、滋賀県をイメージする人はほとんどいないはずである。しかし、県の存在感は超マイナーでも、こと「人の寿命」に関して滋賀を侮っちゃいけない。

2017年末に厚生労働省が発表した都道府県別平均寿命（2015年度の統計データ）によると、滋賀は男性が全国1位（81・78歳）、女性が同4位（87・57歳）。前回（2013年度の統計データ）は男女ともに長野が1位だったが、滋賀がついに王者・長野超えを果たしたわけだ。滋賀は前回のランキングで2位。そもそも全国屈指の長寿県だが、2014〜15年の2年間で、男性がプラス1・2歳、女性がプラス0・88歳と、もともとの平均寿命が高いわりによく伸びた。そのおかげで男性は1位となり、女性も12位から4位と飛躍したのだが、どうして平均寿命を大幅に伸ばせたのだろうか？

要因としてまず考えられるのが県の健康対策だ。これが意外とバカにできない。たとえば20年以上も長寿日本一の座をキープしていた長野はかつて、脳卒中の死亡率が全国ワーストの短命県だった。そうした状況を憂いた県は、食事の減塩運動をスタートさせる。伝統的な長野県民の食事には、野沢菜や塩漬けの魚介類など塩辛いものが多かったが、1980年代から「食生活改善推進員」が各家庭を回り、野菜中心で塩分控えめの食習慣を根付かせていった。こうした地道な取り組みが功を奏し、長野は長寿日本一の座を手にした。

一方の滋賀もかつて平均寿命は平均以下だった。要因は食習慣というより、喫煙者が多く、運動習慣もあまりなかったからだという。そこで県は1980年代後半から「健康推進員」を配置し、県民へのヘルスプロモーション（健康づくり）活動を行い、自分の健康を自分で守ることができる住民の増加を目指してきた。現在の結果を見れば、県内の実態を踏まえた健康対策が功を奏したかたちといえる。

発酵食・米・野菜・魚・肉をバランスよく食べる

また、先述したヘルスプロモーションとも関連してくるが、滋賀の食生活も長寿に大きく寄与していると考えられる。

滋賀の食文化の代表といえば、鮒ずしに代表される発酵食。近年の研究によると、発酵食は食品に含まれる酵素や乳酸菌が腸内環境を整え、免疫力の強化やアンチエイジング効果が期待できるそうだ。また、食材の分解が進んでいることで、他の食品と比べて栄養を吸収しやすいため、即効性のある栄養補給と効果をもたらすともいわれる。そうした健康食品である発酵食（鮒ずしなどの馴れずし）が滋賀では食卓によくのぼる。また滋賀は海なし県だが、琵琶湖のおかげか、県民の魚の摂取量が多い。ただだからといって肉を食べないわけではなく、古くから食肉産業が発展してきた滋賀では、正肉だけではなく内臓も好んで食べる。さらには水に恵まれているので、米（近江米）を筆頭に農作物

平均寿命の都道府県別ランキング

男性			女性		
順位	都道府県	平均寿命	順位	都道府県	平均寿命
1	滋賀県	81.78	1	長野県	87.675
2	長野県	81.75	2	岡山県	87.673
3	京都府	81.40	3	島根県	87.64
4	奈良県	81.36	4	滋賀県	87.57
5	神奈川県	81.32	5	福井県	87.54
6	福井県	81.27	6	熊本県	87.49
7	熊本県	81.22	7	沖縄県	87.44
8	愛知県	81.10	8	富山県	87.42
9	広島県	81.08	9	京都府	87.35
9	大分県	81.08	10	広島県	87.33
11	東京都	81.07	11	新潟県	87.32
12	石川県	81.04	12	大分県	87.31
13	岡山県	81.03	13	石川県	87.28
14	岐阜県	81.00	14	鳥取県	87.27
15	宮城県	80.99	15	東京都	87.26

※2017年に厚生労働省が発表した2015年調査の結果をもとに作成

が豊かに実る。先の鮒ずしは滋賀の自然背景が生んだ至高の発酵食だが、滋賀では米、魚、肉、野菜などの食材をバランスよく摂取することが食習慣化しており、高齢者が元気で長生きだというのもうなづける。

さらに付け加えるなら味付けもポイントだ。我が国には醤油や味噌、納豆、漬物といった発酵食があふれ、それらが名物になっている県は、滋賀に限らず全国にある。しかし、普段から発酵食の漬物や納豆をよく食べている東北や北関東には、平均寿命が低い県が多いのだ。これらの地域の人たちは濃い味付けを好み、醤油や砂糖を多めに使って甘辛く調理した料理に目がなく、漬物に醤油と化学調味料をかけるのがデフォルトだったりと、塩分過剰でいかにも体に悪そうな食生活をしている。かつての長野もそうだったが、1日の塩分摂取量のリミット（男性10g未満、女性8g未満／厚生労働省）オーバーが続くと、生活習慣病のリスクは当然高まるのだ。対して滋賀の食事の味付けは、ダシ文化を背景に塩味よりも旨味を重視している。滋賀はかつて北前船で敦賀に運ばれてきた昆布を京や大阪に運ぶルート上にあり、ダシは昆布でとるのが基本。料理に旨味がしっかりとしたダシを使えば、醤油、塩、味噌などの使用を抑えても美味しく仕上がるため、減塩（適塩）効果もある。ちなみに滋賀のお隣の京都も長寿県だが（男性3位、女性9位）、こちらも発酵食とダシが伝統的な食文化となっており、長寿との因果関係は大いにありそうだ。

平均年収が高水準！　貧富の差も少ない

さらに県民が比較的収入に恵まれているというのも、滋賀の長寿の要因ではないだろうか。厚生労働省の「賃金構造基本統計調査（２０１７年）」によれば、滋賀の平均年収は４８３万９２００円。全国10位と優秀で、しかもここ10年、金額に大きな変動もなく安定している。さらには1人あたりの県民所得（県民経済計算）も全国トップクラスだ。滋賀に本拠地を置く大企業はそう多くないが、京阪神と名古屋の中間という地の利から多くの工場が立地し、完全失業率はわずか2パーセント（全国40位／２０１７年）とかなり低い。また、交通も至便で、湖南地域を中心に京阪神で働く多くの新住民ファミリーも流入してくる。そんな彼らの平均年収が「高値安定」していることが、健康に好影響を及ぼしている可能性は高い。

たとえば沖縄はかつて長寿県といわれたが、今や男性は36位と凋落の一途をたどっている。その要因は、肥満率の高さや飲酒の習慣化による生活習慣病の罹患率の高さ。だが沖縄男性をそうさせているそもそもの要因は、全国最低レベルといわれる酷い労働環境だ。沖縄の平均所得は全国最下位で、非正規労働者は全体の4割以上を占めている。彼らの生活はギリギリで、食事は脂質の多いファストフードなど簡単に安く済ませられるものになりやすく、低賃金に加えて違法残業も多いせいでストレス過多となり、飲酒や喫煙もやめられない。結局、貧困から抜け出せない状況が不健康を助長しているのだ。

その点で滋賀は恵まれている。近畿7府県の平均年収では、大阪、京都、三重に次ぐ4位だが、京都や大阪と比較して貧富の差はだいぶフラット。酷い格差社会に陥っていないのは「寿命の底上げ」という意味でも大きい（平均年収が高い大阪の平均寿命が低いのは、超格差社会と無関係ではない）。

健康寿命（健康上の問題で日常生活が制限されることなく生活できる期間）も今や全国上位（男性が全国2位、女性が全国3位）の滋賀。最新（2018年）の幸福県ランキングでも「健康指標」が全国1位だった。

「命あっての物種」という言葉があるが、滋賀はその言葉を地で行く県である。

足腰はやや曲がり気味で杖をつきながらも、かくしゃくと歩く老人の姿を滋賀ではよく見かけた。さすが長寿県！

夫人の乗った車いすを押す夫。滋賀には高齢者が幸せに暮らせる環境が整った「老人に優しい県」になってもらいたい

滋賀県コラム 3

パン好きの滋賀人と地味な滋賀食

近江米というブランド米があるのに、パンの消費量がメッチャ多い滋賀県。総務省の家計調査で、大津のパン支出金額と購入数量（2011～2013年の平均）が多かったのがその理由だが、長浜にはたくあんとマヨネーズをあえた具をコッペパンに挟んだ「サラダパン」があり、近江八幡はバームクーヘンで超有名なクラブハリエ発祥の地だったりするから、滋賀県民はマジで小麦粉好きだったりして。京阪から大挙移住してきたスカしたマダムが単にパン好きだから、という推測もできるが、知り合いの某情報誌編集者によると、「大型犬を飼っている家が多い地域はパン屋がやたら多い」という独自法則があるという。滋賀県は犬の登録頭数に比べて予防注射率（2012年度）がそんなに高くないから、県内に血統書付きの大型犬を飼っている家が多いということはほぼない。滋賀県のパン消費量が多い謎はますます深まるばかりだ。

でも滋賀の食といったらパンではなく、やっぱり琵琶湖の恵みだろう。鮒ずし、鮎巻をはじめとする湖魚料理、季節によっては鴨料理もいい。淡水魚は臭いといって敬遠する食わず嫌いもいるが、小鮎なんてホロ苦でバカ旨だし、今や高級魚のモロコもたまらない。臭いけど、あの鮒ずしは臭くてたまらない。臭いのがたまらなく好き、じゃなくて、あの口中に広がる酸っぱさと臭さが筆者はたまらなく苦手だ。鮒ずしは「慣れれば旨い！」「日本酒と抜群のマリアージュ！」といって食わせようとする人が多くて困るが、「ブルーチーズみたいだから大丈夫だよ」というのは、筆者の独自法則では、「鮒ずしが好きなヤツが誰かに食べさせたい時の常套句」である。

奈良時代から食べられているという鮒ずし。ニゴロブナと米、塩だけで使ったホンモノは、臭みが少なく超豊潤な味わいだと聞いたことがある。パスタにも合うらしい。鮒ずしより臭いくさやは第一印象でクセになるという意味がわかったが、こっちはまだよくわからない。これから勉強が必要なのだろう。でも乳酸菌がたっぷりな健康食だという触れ込みは、食べた次の日からお通じが連日良くなったので理解できた。

鮒ずしはキツイが、同じ伝統食では赤こんにゃくがけっこうイケた。見た目はまるでレバ刺し。歯ごたえのいい煮物が個人的な好みだが、ごま油＋塩かニンニク醤油で食べたら、禁止されたレバ刺しの代用になるかもしれない。近江八幡人には、「レバーと赤こんにゃくは別モンやで！」と怒られそうだけど。

第4章

そこそこ大都市なのに存在感が無い大津市

県都・大津が目立たないのは街に核が無いから!?

中核市なのに存在感が皆無!?

滋賀県自体が地味だからか、県庁所在地・大津市の存在感もやけに薄い。2012年に大津市長が県と市による会合の中で、「大津は琵琶湖もあり、文化財も多いのに知名度が今ひとつ」と話していたように、トップからして大津を地味だと感じている。まあ、お隣の京都の影に隠れて目立たないのも仕方がない、というネガティブ意見もある。「全国の県庁所在地で一番無名」と自虐的に語る大津民がいるというのもひどいが、大津だって人口約34万人の中核市。存在感が希薄なのは京都のせいだけではないはずである。

昔の大津は、北陸方面から上方に運ばれる物資の集積地で、街道が集まる宿場町ということもあり、京都にも勝るにぎわいだったという。だがそれも今や昔で、市街地は寂れている。路地に一歩踏み入れると現れる古い家の佇まいは、味わいもあっていい雰囲気だけどね。

先に大津は人口約34万人の中核市と書いた。だが、正直それだけの規模の都市には見えない。ある大津民は「合併が進んで人口が30万を超えたけど5、6万都市のようにしか見えへん」といっていた。続けて出てきた言葉なんて「玄関口の大津駅と駅前があまりにショボい」ということだった。

その大津駅前の話は次項ですることにして、現在の大津には「ここだ！」という中心市街地が存在しない。繁華街といわれる膳所にしても、巨大マンションが立ち並び、Ｏｈ！Ｍｅ大津テラスや西武などの商業施設があって人出はそれなりにあるが、結局はそれだけで、オフィスや飲み屋が集積しているわけではないから、中心市街地としてのインパクトに欠ける。浜大津にはアーカスがあっても、湖岸埋め立て前から活況だった中通りの商店街は寂れている（レトロ感はたっぷりだけど）。石山や堅田にしたって中心的な繁華街とはとても呼べない。

地域ごとの独立性が強く市全体に一体感が無い

とりあえず浜大津民に、大津の中心市街地がどこか聞いてみた。すると「昔は浜大津」と前置きしながら、「市内の各地域がそれぞれ発展しているので、中心市街地は特定できないんです」という答えが返ってきた。さらに「大津は地域ごとに独立性が強い」ということだった。試しに「膳所は開けているし中心市街地じゃないんですか？」と言うと、「あそこは藩が違う！」と一刀両断にされた。

そう考えると、大津は市全体に一体感がなく、各地域が「うちはうち」と発展してきたせいで、核になる中心市街地が生まれてこなかったともいえる。そうして核となる場所がない大津は「住む街」になりこそすれ、「出かける街」にはならない。通過する街では存在感が希薄なのも当たり前だ。

それに大津に目立った中心市街地ができないのは、交通インフラにも原因はある。京都や大阪に近い大津は、鉄道の利便性が高い街のように見える。しかし、京都に向かう琵琶湖線は輸送量は多いが基本的に通勤・通学路線で、市街地の移動は主に京阪電鉄（石山坂本線・京津線）がその役割を担っているが、輸送力がとくに高いわけではない。こうした鉄道事情もあって大津は車社会だ。そのため当然のように空洞化が起き、郊外のロードサイドには商業施設が立ち並び、市街地の商業が寂れていくという構図も見られる。

浜大津でこんなことを聞いた。「浜大津は昔、地元民の反対で鉄道を真ん中に通さんかった」。湖西線は当初、国鉄が湖西地域を走る江若鉄道（浜大津－近江今津）を買い取り、なるべくその路盤や駅を転用する予定だった。が、浜大津が揉め、現在のような市街地を避けるバイパスルートになったそうだ。大きな鉄道が市のど真ん中を走らなかったことが、滋賀一の繁華街・浜大津の衰退につながったのでは、ということだった。

この話を聞いたとき「今、鉄道敷設計画があったらどうしますか？」と質問してみた。すると「今なら受けるんやろねえ」と答えていた。大津の現状に地元民は危機感を感じているようである。

もともとびわ湖浜大津駅周辺が大津の中心地と呼ばれ、JR大津駅周辺よりも栄えていたが、今は衰退が激しい。街並みは面白いのだが

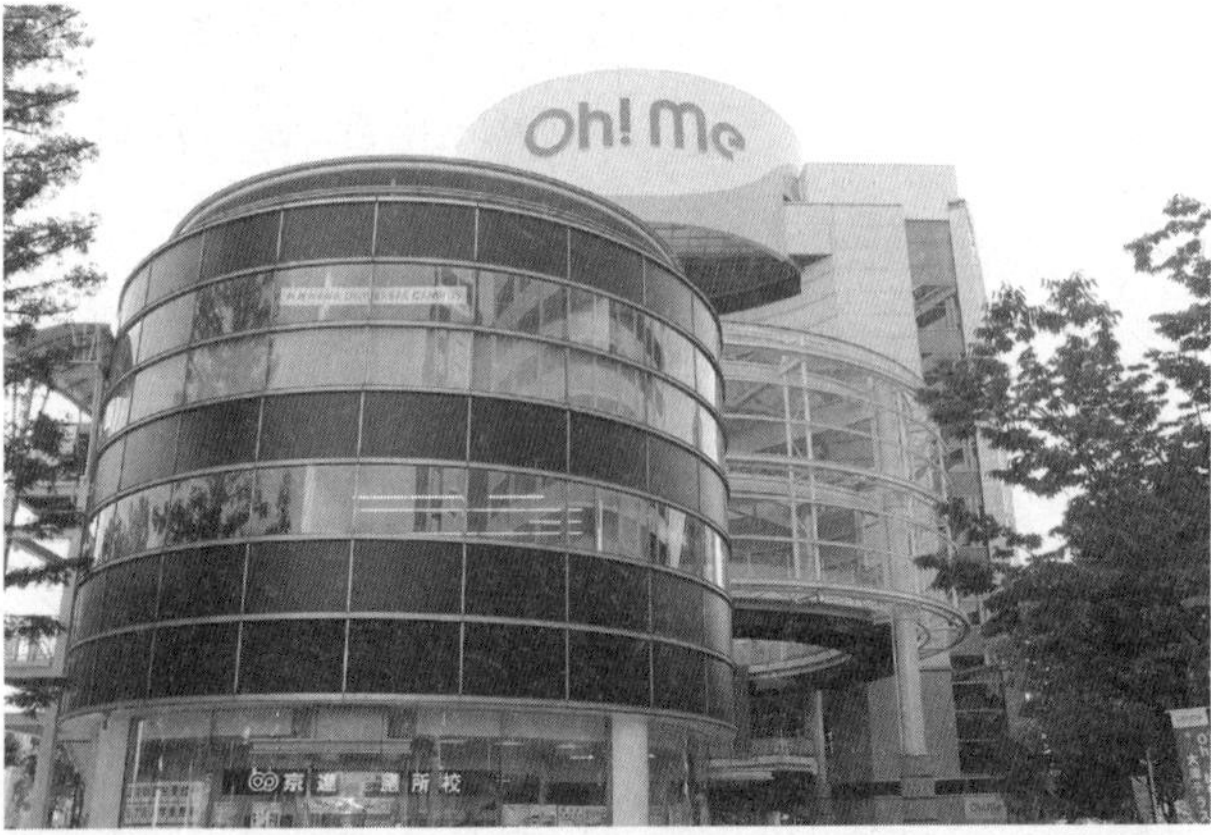

大津パルコが2017年8月に閉店。その跡地には2018年4月に「Oh!Me大津テラス」が開店。パルコとは雰囲気ががらり変わった

寂しい表玄関大津駅の再開発事情

利用客が草津駅の約半分って……

大津民が自虐的になってついつい口走ってしまうのが大津駅のみすぼらしさだ。

大津駅はその名の通り、滋賀県の県都・大津の玄関口の駅である。ならば、堂々たるターミナル・ステーションのように思ってしまうが、行くと拍子抜けを喰らうことになる。まず駅舎自体がショボイ。駅前もショボく、人の行き来は少ない。近くは官庁街なのだから、もうちょっと繁華街など充実していてもいいが、商店街なんてほとんど崩壊している。

とにかく大津を走る路線が琵琶湖線のみというのが厳しい。京阪電車への乗り換えはお隣の膳所駅。京都のお隣ということもあって、ハナから東海道新幹線の停車駅になることもなく、湖西線の基盤となった江若鉄道は遥か昔（1969年）に廃止された。JR西日本によれば、大津駅の乗降客数は3万8728人。これは大津市内のJR4駅（琵琶湖線）の中で下から2番目。草津駅の約2分の1、京都駅と比べると約8分の1。何にしても京都の吸引力が滅法強く、そもそも鉄道駅として発展するには致命的な場所、そして歴史を抱えているわけだ。

しかし、そこは腐っていても県の表玄関。大津市も最初は大津駅とその周辺の商業地域化に難色を示していたが、重い腰を上げたのが2005年。市の大津駅西側の土地区画整理事業に伴い、地権者は2007年に「大津駅西地区市街地再開発組合」の準備組合を設立し、翌年に事業協力者（ゼネコン）を選定。以来、市と地権者が一体となって再開発事業を進めてきた。市の土地整備事業によって、現地の建物は解体・整地化され、その場所に地上29階建ての巨大複合タワーマンション「COCOLAS（ココラス）大津」が建ったのが2013年。さらに、ココラスの北西側には国道161号を結ぶ都市計画道路が20

16年をメドに完成予定だ。

でもこの再開発事業、現地で見たが、単にタワーマンションが建っているというだけで、これが大津駅再生の起爆剤になるとは思えないんだけど……。

マンション建築ばかりでホントにいいの？

問題は駅ビルそのものにもある。大津駅ビルの運営は市がJR西日本からフロアを借り、そこをテナントとして貸し出している。しかしテナント料収入は上がらず、駅ビルの老朽化で設備の改善が必要なため、市が運営から撤退。さらにその横のアル・プラザも（平和堂系列）売り上げ減で撤退が叫ばれ続けた。アル・プラザ跡地にココラス同様マンションが建てられるという話だったが、建築資材の高騰で建て替えは当面延期になり、1階と地下1階で細々と営業が続けられていた。

市からすれば、大津駅の周りにマンションを建てたり、建てようとするのは、駅周辺の定住人口を増やすことで人の流れを作ろうとする狙いがある。駅とその周辺に一定数以上の人の流れができれば、たとえばＪＲが「大津駅を巨大な駅ビルに建て替えようか」となるかもしれない（長いスパンが必要だけどね）。その中でアル・プラザの撤退はビミョーな問題だ。マンションの近くに商業施設があるのは移住希望者にとってはポジティブ・ポイントで、市からすれば無くなると困る。しかし、どうせならアル・プラザ共々、今の大津駅をぶっ壊して巨大駅ビルにする手もあるのだ。県内キー駅とセットの平和堂に見限られるなんて大津駅も相当だが、駅の再生にマンションを建てて人を呼ぼうとするのは、考え方が後向き過ぎやしないだろうか？　それより観光に特化して、たとえば県内各地や京阪とを結ぶ新たなバス路線を設けて、大津駅をその巨大バスターミナルにしたり、さらにそこを駅ビル化して魅力的な商業施設を作ったら面白いのでは？　とにかく「大津に住んでもらおう」ではなく、「大津で降りよう」と思わせることが、必要なんじゃないだろうか。

※　※　※

「日本一ショボい県庁の最寄り駅と言われとるで。はようどーにかせーや！」「駅に売店もないなんて不便や！」と、大津民に言われたかどうかは不明だが、大津駅が全面リニューアルし、2016年10月1日、駅ビル「ビエラ大津」がオープンした。総工費は8億円。このうちもともと管理者だった大津市が7000万円を負担した。

JR西日本によれば、この施設は「通りすがる駅から立寄る駅に」をコンセプトに、レストランやカフェ、コンビニ、観光案内所、簡易宿泊施設（カプセルホテル）も備え、新たな大津のランドマークを目指したもの。カプセルホテル（かなりオシャレなつくり！）については、駅周辺にビジネスホテルもあるが、最近は安価に泊まれるカプセルホテルが外国人観光客にウケており、さらに京都も近いだけに、それなりの需要が見込まれた上での開業と思われる。まあ、ビエラ大津のキーテナントの事業者に選ばれたのは、一般的には不利な立地でも、地域住民やロケーションの特性を活かした個性的な店づくり（バッドロケーション戦略）で知られる、飲食店の経営・運営企画会社のバルニバービ。そもそも勝算が無ければ手を上げない企業だけに、閑散としていた「大津駅とその周辺」に何かしらの魅力と可能性を見出したのかもしれない。

聞くところによれば、どうやらレストランなどは近隣よりも若干高めの値段設定ながら、時間帯や曜日によってはほどよく混んでいるらしく、それなりの集客力を備えているようだ。ただ現地に行った感想では、テナントも何だか新鮮味に欠けるし（駅近なら全国どこにでもありそうなチェーン居酒屋がないのはいいんだけどね）、相変わらず大津駅の周辺に人があまりいないところを見ると、「ビエラ大津」だけで新たな人の流れを作り出すのは至難の業。大津駅周辺を商業エリアとして再生するなら、包括的な開発によって当地を一大商業拠点化するぐらいのスケール感が必要なのかもしれない。

一応、2016年6月に閉店した平和堂アルプラザ大津跡地に、「大津駅前プロジェクト」として、平和堂の新店舗を併設した13階建ての大型マンションが建設中（2019年6月完成予定）。大津にしては割高といわれながら、すでに全戸完売だそうで、京都に近いロケーションが好評なのかもしれない。ただ、何度も言うようだが大型マンションを建設して人を呼び込もうとするのは、どうしても考え方が後向きのように思えてしまう。どうせならこの敷地も含め、巨大な商業モール「ビエラ大津タウン（仮）」でも建設していたら、インパクトも違ったろうに……。

とても県都の表玄関とは思えない大津駅だったが、駅ビルの「ビエラ大津」がオープンして、ちょっとだけマシになった

大津駅のお隣のアルプラザ跡に大型マンションを建設中。駅ビルも全部まとめて周辺の大開発をしちゃえばよかったのに

観光客誘致の大チャンス！「明智光秀」が大津に福を呼ぶ!?

新たな明智光秀像が描かれそうな新・大河

2017年末、筆者は当地域批評シリーズの「これでいいのか京都府」の取材で福知山市を訪れた。取材の目的は、福知山が「住みよさランキング」で京都府内トップの評価を得ている理由を探ること。現地で多くの人に聞き込みを行ったが、その最後、観光案内所にいたおじいさんと長話になった。その人は生まれも育ちも福知山の生粋の地元民。福知山の歴史から人の気質、短所や長所、各地域の特徴、もちろん住みよいワケまで、いろいろなことを教えてくれた福知山の生き字引のような方だったが、話の最後、筆者にアピールしていたのが「明智光秀を大河ドラマに」だった。光秀の一般的なイメージは主君を弑逆した武将だが、福知山にすれば地元を治めていたお殿様。しかも善政を敷いていたというから英雄、ヒーローである。そこで福知山では以前から、光秀を主人公にした大河ドラマの誘致運動をしてきたという。

どうやら光秀とゆかりのある福知山を筆頭に、亀岡、舞鶴、宮津など丹波～丹後の自治体がタッグを組んでＰＲ活動をしているそうだが、筆者はまったくそのことを知らなかった。しかし、これも何かの縁と思ったので誘致要望書に署名した。ただ署名はしたものの、失礼ながら、光秀の大河ドラマ化は無理だろうと思っていた。だって人物像が暗くて地味じゃないの。

だが、筆者の予測は見事に外れた。ＮＨＫが２０２０年という東京オリンピックが開催されるメモリアルイヤーの大河ドラマの主役に光秀を据えたのだ。タイトルは『麒麟がくる』。信長弑逆ばかりクローズアップされる光秀の謎多き半生を描き、その実像に迫るという。２０１９年の大河『いだてん～東京オリンピック噺～』が異例の現代（大正～昭和）モノなので、さすがに王道の戦国モノに戻してきたという印象だが、確かに不動の人気キャラである戦国の三英傑（信長、秀吉、家康）と濃厚に絡ませられる光秀は、主人公にうってつけかもしれない。しかも、光秀はその半生が非常に謎めいており、自由な創作も可能だ。とくにクライマックスとなるであろう日本史最大のミステリーともいわれる「本能寺の変」の真相をどう描くのか、最新の歴史研究を踏まえ、従来と異なる新たな解釈で戦国の物語を紡ぐというから興味をそそられる。

歴史のアウトローが滋賀県はお嫌い？

さて、光秀ゆかりの自治体にしてみれば、大河ドラマ化はめでたい話である。大きな経済効果が見込める上に、地域活性化の起爆剤になるかもしれないからだ（そのため多くの地域で組織的に誘致活動が行われているわけだが）。

近年もっとも話題になった大河ドラマ『真田丸』。主要地の長野県上田市の関連施設は、放送中はもとより、放送後も連日多くの人でにぎわった。2017年に上田市は『真田丸』が長野県に及ぼした経済効果を200億9000万円と発表。さらに交通費を除いた観光消費額は長野県全体で143億3000万円、そのうち上田市での消費額は67億9000万円に達したというから、上田の宿泊業者、お土産屋、飲食店などはさぞウハウハだったことだろう。

また、近年のデータによれば、視聴率がイマイチであまり振るわなかった作品でも、主要地域への経済効果は約100億円以上、関連地域で数十億円に達している。つまり、新たな歴史解釈を盛り込んだ『麒麟がくる』が万が一不評だとしても、福知山や亀岡など主要地域にはそれ相応のお金が落ちると想定される。同じことは関連地域にもいえるわけだが、その中でも光秀と因縁が深い地域といえば滋賀県大津である。

信長は比叡山の焼き討ち後、近江国滋賀郡を光秀に与えた。光秀は当地に大小2つの天守を持つ水城・坂本城を築城。その後、ここを拠点に近江の平定を目指し、湖北の浅井勢と戦った。本能寺で信長を討った時期の居城も坂本城であり、光秀の後半生は坂本とともにあったといっても過言ではない。実際、坂本にある西教寺の境内には光秀とその一族の墓もある。

と、こうしても見ても、主要地域は京都ではなく滋賀なのではないかと思われるくらい、大津と光秀の関連性は強い。しかし、光秀が主役の大河が決まったにもかかわらず、現地（関連施設とその周辺）がそのPRをしているそぶりは、2018年6月頭の時点ではまったくなかったのだ。

とはいえ、2018年4月にNHKから発表があった際、滋賀県庁は歓喜の声に包まれたという。知事も「坂本や比叡山にゆかりのある明智光秀が取り上げられて、とてもうれしい。多くの方々に知っていただき、訪れていただけるきっかけにしたい」とコメント。明智光秀公顕彰会会長である西教寺の執事長も「これまで以上に顕彰活動を積極的に展開し、多くの方々により深く光秀の人物像を知っていただきたい」と述べた。つまり県も関連施設もPR活動などやる気満々。筆者が現地に行ったのが早過ぎたのだろう。

しかし、だ。PR面の初動の遅さも気になるが、そもそもこれまでの滋賀（大津？）の光秀に対する扱いはちょっとぞんざいではなかったか？　光秀は主君殺しの汚名を着せられている武将だが、日本史上の重要人物のひとりで、硬派な歴史好きから歴女までファンもけっこう多い。同じ滋賀ゆかりの武将でいうと、歴史の本道を歩みながら結局主役となれず、叛逆者扱いされてしまっているところは石田三成と似ている。いずれもひとかどの武将であり、十分魅力的なのだが、滋賀は元来こうした人物があまりお好きではないようだ。

彦根は今でこそ石田三成を積極的にＰＲしているものの（映画『関ヶ原』のヒットのおかげという話も）、それまで井伊と比べて扱いは各段に小さかった。翻って大津も、とくに光秀を推してこなかった。その証拠に、琵琶湖畔の坂本城址のある公園の名前が「坂本城址公園」ではなく、「県営都市公園湖岸緑地北大津地区」と、実に機械的で趣もへったくれもないのだ。公園内にあるスマートさが微塵もない光秀像もガッカリだし、像の下の業績碑には比叡山焼き討ちや本能寺の変のことが記されていない。やっぱりアウトロー的な歴史は嫌いなんだろうなあ。

そもそも福知山や亀岡など関連自治体で構成されている、「大河ドラマ『麒麟がくる』推進協議会」に、滋賀県も大津市も参加していない。滋賀（大津）は滋賀（大津）なりに、ということなんだろうが、今後、先の推進協議会や福知山あたりとタッグを組んでＰＲしていくのか？　光秀をめぐる綱引きが見られそうだが、大津はその前にザンネンなことになっている関連スポットぐらいはちゃんと整備しておこうよ。

西教寺の境内にある明智光秀とその一族の墓。大河が始まれば大勢の人が来るだろうスポットのひとつだ

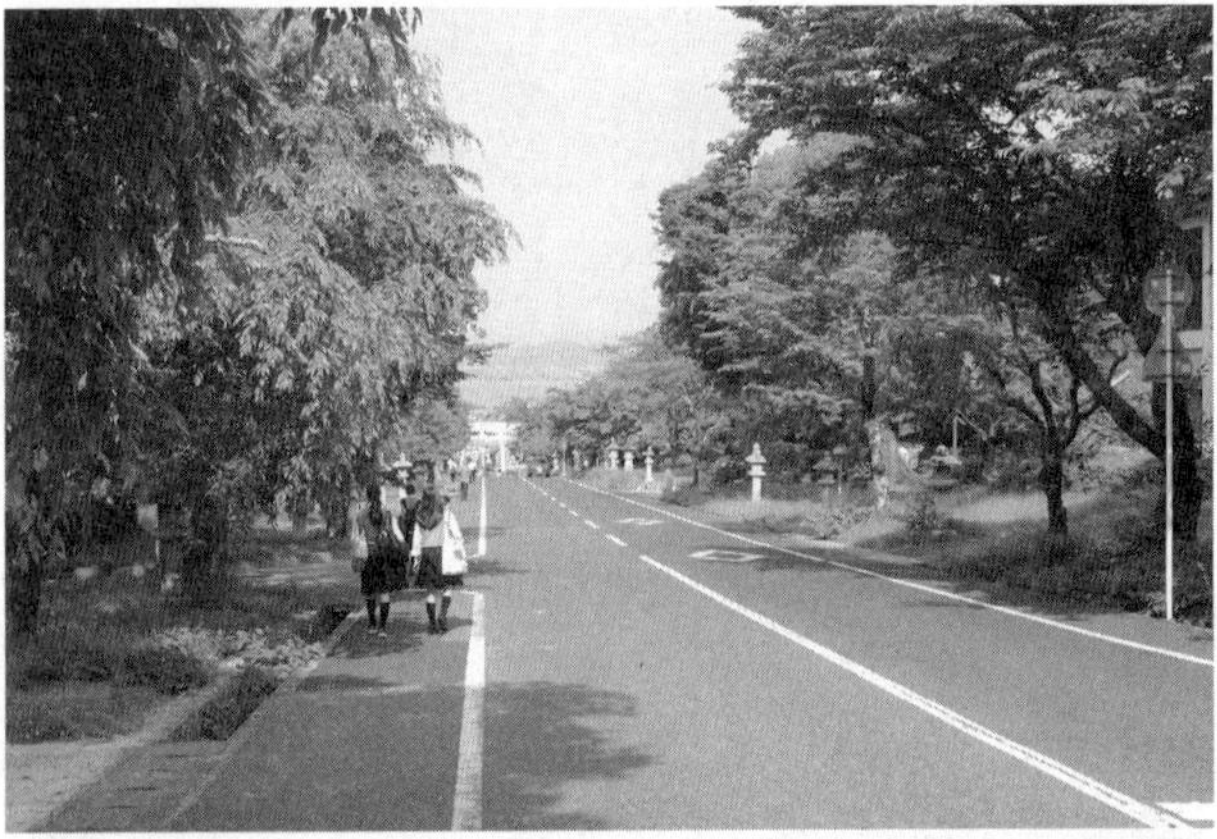

延暦寺の門前町として栄えた坂本。日吉大社の参道も含め、歴史散策をするにはぴったりのエリア

おごと温泉の好景気と老朽化するソープ街の今

雄琴からおごとへ！　温泉の集客力がアップ

今や「雄琴温泉」ではなく「おごと温泉」。脂ぎったオヤジだけではなく、老若男女、外国人などさまざまな客が大津の「おごと温泉」を訪れる。世界遺産の延暦寺とセットで「おごと温泉」へ、というパターンも多く、年間の観光客数は約50万人に上るという。ズバリ「勝ち組」である。

まず初めに雄琴の歴史をざっと説明しておくと、温泉そのものの歴史はかなり古い。言い伝えによれば、この地に温泉が発見されたのは、今から約１２００年前のこと。かの比叡山延暦寺の開祖である伝教大師・最澄が源泉を見つけたと伝えられている。地元からすれば由緒正しく、ありがた〜い温泉なのである。

しかし、実際に温泉地として開発されたのは、すいぶん最近になってからのことだ。大正時代になって、飲めば病気が、浴びれば傷が治ると伝わっていた地元のお寺（最澄が開いたとされる法光寺）の水を調べたところ、ラジューム鉱泉であることが判明。さらに現地には、浜大津と近江今津を結ぶ江若鉄道が通ったこともあり、利便性が高まり、集客にも期待できることから、本格的に温泉開発が始まったのである。

雄琴は「京都（関西）の奥座敷」と呼ばれるほどの人気温泉地となったが、その名が全国区になったのは皮肉にも、個室付特殊浴場（当時はトルコ風呂）が集積する大風俗街ができたことだった。京都を締め出された特殊浴場業者がこの地へ営業の場を求めてやってきて、ホントの「京都の奥座敷」になってしまったのである。そして、この風俗街が有名になり、温泉街と特殊浴場は持ちつ持たれつの関係となるが、雄琴温泉からは家族客や女性客が離れていき、「温泉地」としては衰退の一途を辿るのである。やがてバブルの崩壊もあり、雄琴温泉への客足はさらに遠のき、廃業する旅館もあったという。だが、そうした

雄琴の主な歴史

	事柄
約1200年前	最澄が源泉を発見
191年ごろ	法光寺の水がラジューム鉱泉であることが判明
1923年	江若鉄道線が雄琴まで開通
1971年	雄琴初のソープランド(当時はトルコ風呂)が開業
1974年	湖西線が開業
2008年	雄琴駅を「おごと温泉駅」に改称

※※各種資料より作成

ピンチの中、旅館の若き経営者たちが生き残りをかけ、雄琴ブランド向上に向け「雄琴青経塾」を旗揚げし、勝負に打って出るのである。

まず、旅館施設の改築・新設やサービスの抜本的改革を断行、さらに旅館名を今風に変更、旅館同士がライバルとなってサービス競争を過熱させることで温泉客が増加した。さらに2005年には湖西道路が無料化されたこともあって、周辺から気軽に雄琴に来られるようになった。そして2008年には、「温泉地だということがわかるように」「歓楽街のイメージ払拭のため」という地元要請をJRが受け入れ、湖西線の「雄琴駅」を「おごと温泉駅」に改称。「雄琴」は「おごと」として生まれ変わったのである。

駅前のタクシーの運ちゃんも「おごと温泉は新しい温泉で、今は客も多いよ！」とうれしそうに話していた。その時、「あれ？　雄琴の歴史って古いよな」と思ったが、なるほど「雄琴」ではなく、「おごと」のことだったのだ。

我が道を行く関西屈指の風俗街

じゃあ、雄琴（風俗街）のほうはどうなっているのかといえば、今もまだ40軒ほどのソープが営業を続けている。ただし、その場所は温泉地からは隔離されている。といっても周囲からその存在は目立ちまくりでインパクト抜群だ。

最寄り駅（というか無料送迎がある）は「おごと温泉」というよりも「比叡山坂本駅」。ちなみに車で現地に入ってみると、客引きがすさまじい。雄琴に詳しい知人に聞いてみると、「客引きはちょっとしつこいよ」「でもレベルは福

苗鹿に固まるソープ街は40軒ほどが営業中。建物は古いが見た目のインパクトは抜群だ！

原（神戸）よりはいい」だって。建物は老朽化しているものの、泡姫の若返りが進んでいる模様。最盛期に比べればさすがに衰退しているが、店によっては固定客もついており、周囲と折り合いを付けながら我が道を行っている感じだ。

どちらにしろ「上質なサービス」を提供する気持ちは一緒だが、ビミョーな両者の関係はいつまで続くのだろうか？

※　※　※

以前は盟友だったおごと温泉観光協会と雄琴特殊浴場協会が決裂。温泉観光協会が風俗のイメージを払拭するべく運動を続けているのは今も変わらない。ただだからといって雄琴の風俗街が一気に衰退したかといえばNOである。

時代の移り変わりもあって、雄琴も昔と比べて半分以上の店が様変わりしているが、地方の風俗街によくある廃墟は見られない。地域内のルールもしっかりしているから闇風俗がはびこることもなく、風俗初心者でも安心して遊べる空間が広がっている。この「風俗街は怖い」という印象をあまり受けないところは、雄琴の魅力のひとつといってもいいだろう。

またこれも時代の流れか、最近は風俗目的で日本にくるアジア系外国人も多く、雄琴でも中国人や韓国人など外国人の受け入れOKの店も増えているという（日本語でコミュニケーションがとれるのが条件）。しかし、売り上げは上がっても性感染症のリスクが高く、サービス内容に関するトラブルもあったりと苦労も多いようだ。ただ外国人客の増加により、ソープランドは儲かるからと、雄琴への出店を狙っている風俗グループもあるらしく、現店舗も気を抜けないのだそう。ただその危機感が雄琴のレベルの底上げにつながっているというから、しばらく盛況は続きそうだ。

山の中に豪邸ウヨウヨ！比叡平って実はスゴイ!?

もともと別荘地だった比叡平の住宅街

県道30号下鴨大津線（山中越）を車で京都方面に走り、比叡山山頂に向かう「比叡山ドライブウェイ」の入口を過ぎると、巨大な住宅街が現れる。山の中なので、パッと見別荘地のような印象も受けるが、「比叡平」という名の普通の住宅地である。

だが、「普通の」といったら失礼だろう。この比叡平は敷地面積が100坪を超える、いわゆる「豪邸」が立ち並ぶ住宅街なのである（単に地価が安いから家の敷地が広いという指摘もあるが）。当地のバス（京阪バスの三条京阪行き、大津京駅行き）は、平日及び土曜日の朝の通学・通勤時間帯こそ2～3本出ているが、基本的には1時間に1本。しかし、バスの有無なんて、マイカー重視の住宅街には関係ない。

この比叡平はまるで別荘地のように見えるといったが、ここはもともと昭和40年代に開発され、当初は別荘地として売り出されていた。高所にあるため、夏は30度以上にならない避暑地。そのかわり冬は芯から凍る寒さになる。結局、別荘地としては流行らず、住宅地として売り出されていった。別荘地だった時代から住んでいる人の中にはさすがに裕福な人も多いが、最近では土地価格の安さも手伝って、若いファミリー層の流入も増えているという。

比叡平の住環境については、移動はマイカーが基本なので、どんどん値段が上がっているガソリン代を含めて、冬は雪が降るので四駆は必須で維持費がたいへんだと聞く。近くに買い物場所がほとんどないのも不便だが、もともと街中から離れた静かな場所で暮らしたいと思っている人たちが住んでいるので、「夏はとくに暴走族（ローリング族）がうるさい」「空き巣被害が増えている」「害獣（サルやイノシシ）が出る」という以外は目立った文句は聞こえてこない。まあ細かい不満は実際あるのだろうが、終の棲家として住んでいる場所を悪くいうわけはない（住んでみて合わなかった人は出ていっているようだしね）。ただこの比叡平は、そばにある比叡山延暦寺のように下界から隔離された場所でもあるので、外の人間からは、かなり特殊な眼で見られているようである。

驚くべき割合でスゴイ人材を輩出

比叡平は1～3丁目まであり、人口は約3000人。山の中の住宅地としては人も多いのだが、その人口に比して、出身、あるいはゆかりのある有名人がやたらと多く、それが比叡平の特殊性を高める要因にもなっている。

フェンシングの選手で2度のオリンピックで個人・団体の銀メダルを獲得した太田雄貴をはじめ、同じくオリンピック競泳選手の三木二郎、シンクロナイズドスイミングの立花美哉、映画やドラマでも活躍しているモデルの高橋メアリージュン・ユウ姉妹。お笑い芸人の宮川大輔、嘉田由紀子元滋賀県知事、そして芥川賞作家の高城（たき）修三など多士済々だ。オリンピック選手が多いのはスポーツ弱国の滋賀だけに謎だが、文化系の人材が多数出るというのは、

比叡平の位置MAP

比叡平の住民物構成を見れば納得できる。

比叡平は滋賀と京都の境界線にあたる山中のくぼみにあり、地理的特殊性を備えていることから、住民には芸術家や大学教授といった特殊経歴の人が非常に多く集まっている。さらにそうした人たちが多いので自由でオープンな気風が濃厚となり、外国人も住みやすい。実際、大津市内の中で比叡平の外国人居住比率は高いほうだ。

そうした環境だから、街区内には美術館まで設置されている。また、個性を重んじる人が多いからデザイン住宅も目立ち、街区に個性が感じられる。こうした環境に住む子供たちは、文化的な人やモノに日常的に触れているわけで、文化・芸術に感化され、その方面の才能が自然と磨かれていくであろうことは想像に難くない。ここに文化的人材輩出の一因があると思うのだが、どうだろう？

近年はいろいろと騒がれ、何かと特異な住宅地と見られがちな比叡平だが、ヨソ者に基本的に厳しい伝統の近江社会（もちろん京都社会もね）から逃れて、自由に暮らしたい人々のパラダイス的な住宅地でもあるようだ。

裕福なヤツばかりで気に入らない、お高く止まっている、なんて印象は、外の人の完全な勘違いであり、先にも書いた通り、一般庶民だって住んでいる。というか、隔離されているところに住んでいる人間は「特殊」だと線引きすること自体、そもそも間違っている。

※　※　※

２０１７年11月、大津市が市内36カ所ある市民センターの支所機能を、２０２０年を目途に10カ所に統廃合する計画の素案を市民に提示した。他にも支所には地域包括支援ケアシステムなど新たな機能を持たせないなど、市の行政コ

比叡平の出身、ゆかりのある有名人

人物名	ジャンル
太田雄貴	元フェンシング選手
三木二郎	元競泳選手
立花美哉	元シンクロナイズドスイミング選手
宮川大輔	お笑い芸人
高橋メアリージュン	モデル・女優
高橋ユウ	モデル・女優
嘉田由紀子	元滋賀県知事

※各種資料より作成

ストを削減する狙いがあるが、廃止候補となった支所がある地域の住民が猛反発し、集約する支所数や時期の再考など計画を練り直す羽目になった。

市は「地域バランスや交通利便性、業務量から絞り込んだ」としたが、滋賀と京都の境界線にあたる山中にある遠隔地の比叡平の支所は、住民の何ら説明がないまま廃止される見込みとなった。住民説明がなかったのは意図的なもので、なるべく問題を表面化させない思惑があったようだが、比叡平住民のみならず、多くの市民から疑問が相次いだのは言うまでもない。

比叡平の高齢化率は40パーセント近

秘境住宅地といっても過言ではない比叡平。交通の便は悪いが、富裕層がけっこう多く住んでいる高級住宅地でもある

い。それだけ老人が多いにもかかわらず支所を廃止するというのはなぜだろう？　地域人口も考慮しての費用対効果の問題もあるだろうし、住民に比較的富裕層が多いのも理由かもしれない。いわば「金持ちに助けはいらない」という論理であろうか。

現状はまだ廃止は免れているものの、市もいずれ支所を廃止するスタンスは変えていない。このままではさらに比叡平の陸の孤島化は進むことになる。

滋賀県コラム 4

かるたの聖地・近江神宮

遥か古代の昔、大津には都（近江大津宮）が置かれた。近江神宮は、その大津京遷都を行った天智天皇を祀っている。近江神宮の境内には、天智天皇が日本で初めて水時計を置いたということで水時計や日時計が置かれ、朱で彩られた門や荘厳な本殿と相まって、「古代ロマン」を強く感じさせてくれる。といっても、近江神宮の創建は古い時代の話ではない。天智天皇が飛鳥から近江へ遷都を行ったのが667年なので、古い神社のような気がしてしまうが、創建されたのは大津京遷都から約1300年後の1940年。由緒はともかくとして社の歴史は意外に浅いのである。

その近江神宮は最近、「競技かるたの聖地」としても広く認知されている。ここでいう「かるた」とは「犬も歩けば……」ではなく、小倉百人一首のこと。天智天皇が小倉百人一首の巻頭に歌を残している縁で、近江神宮では競技かる

たの日本一を競う「かるた名人位・クイーン位決定戦」や、夏の「全国高等学校かるた選手権大会」（かるたの甲子園）、「全国大学かるた選手権大会」など、さまざまな競技かるたの大会が開催されている。

もともと競技かるたの認知度は決して高くなかったが、その存在を世に知らしめたのは、少女漫画の『ちはやふる』だ。同作は単行本の累計発行部数が1000万部を突破するほどの人気を博し、アニメ化もされた。漫画やアニメの中で、競技かるたに打ち込む主人公たちの姿に魅了され、かるたに興味を持つ若者が増え、競技かるた人口も増えている。漫画によって日本の伝統競技にスポットライトが当たったという点では、子供たちに囲碁ブームを起こした『ヒカルの碁』と似ている。

ただ、囲碁とは違い、競技かるたは激しいスポーツだ。勝敗は、自陣に並べられた札を早くゼロにしたほうが勝ち。自陣と敵陣の札をできるだけ早く取るには、札を取るスピードはもちろん、札の配置の記憶、決まり字（ここまで聞けば札が取れるという部分）の理解、流れの読み、送り札（敵陣の札を取ったり、相手が「おてつき」をした際に相手に渡す札）の工夫、囲い手（札には触れずに手で囲って相手に取られないようにする技）など、テクニックや駆け引きも非常に重要になる。地味で文化系的な印象とは違って、体力と知力を兼ね備え、日ごろの鍛錬を欠かさずしないと強くなれない競技かるた。生で見ると、その迫力に圧倒されるはずだ（ちなみに近江神宮での観戦はあらかじめ可能かどうか調べておいたほうがいいですよ）。

第5章

新住民が激増する
湖南地域は理想郷か!?

新住民激増で発展しても冷静な草津のしたたかさ

草津の発展は今に始まったことじゃない

以前から草津市の発展ぶりのスゴさは話に聞いていた。それを目の前で再認識したのが、近江大橋のふもとにあるイオンモール草津が原因の大渋滞である。何せ大津市内（打出浜の前くらい？）から18号線ではすでに「イオン渋滞」が始まっており、取材中そこを抜けるのに一苦労だった。人々は大津を目指すのではなく、その向こうの草津を目指している。これでは県都もかたなしだろう。

近年の草津は、急激な人口増加率で注目を浴びている。しかし、それは何も今に始まったことではない。すでに高度成長期の1960年代後半から人口は大幅に増え続けている。その最たる要因は大工場の誘致だ。パナソニック・アプライアンス、オムロン、ダイキンなど地元の雇用が創出されたことで人口の流出が阻止され、加えて労働者が大量に流入したことで、草津の人口は増えた。今や県下有数の商工業都市として、京阪地区のベッドタウンとしても広く認知されるようになり、大学（立命館大）誘致による学生の流入もあって、人口増加はとどまるところを知らない。

住環境については、草津駅周辺はもとより、近年とくに南草津駅周辺の開発が著しい。筆者の仕事の関係上、お隣・栗東トレーニング・センターの関係者に草津の話を聞く機会があったが、「今、家を持つなら草津だよ。とくに南草津！」という答えが返ってきた。南草津の駅前には巨大マンションが立ち並び、駅から離れると瀟洒な戸建住宅街も広がっている。住みやすくオシャレな新興住宅地として認知されているようだ。

草津民はオープン！　流入民も溶け込みやすい

そんなわけで、草津には県外からだけではなく、県内からの移住希望者も後を絶たない。だが、なぜ草津に住みたがるのか？　まずインフラがキチンと整備されていることが大きい。琵琶湖線の新快速、名神高速道路もあって畿内大都市へのアクセスが抜群。そのくせ土地（家）が比較的安い。魅力的な商業施設もある。さらに子育て世代の転入増加に合わせて、市が福祉・教育分野で数々の施策を打ち出している。そのため、結婚して家を持ちたい京阪のサラリーマンが草津に流入し、県内の他の自治体と比べて30～40代の流入者が非常に多い。要するに草津は「働き盛り」の街といってもいい。

だが、草津で地元民と会って話を聞いてみると、草津が選ばれる最大のポイントは「旧住民の柔軟性」ではないか、と感じた。長い歴史と伝統的な文化がある地域に暮らす旧住民は、高齢者になるほどプライドも高く、融通が利かないもの。しかし草津は違う。「これだけ新住民が流入したら地元の人とのイザコザとかひとつやふたつあるでしょう？」と聞いたら、「そんなこと聞かないし、みんなうまくやってますよ」と一蹴されてしまった。確かに、どこの馬の骨ともわからない正体不明の筆者にいきなり話しかけられて、構えることなく答え、さらにお茶までふるまってくれた草津民。ヨソ者をスンナリ受け入れてくれる

環境というのは、見知らぬ土地に流入する者にとって心強い。「草津良いトコ一度はおいで」のフレーズは、今やこっちのものか⁉

さて、何かと好調な草津は天狗になっていそうなものだが、意外に冷静でもある。草津駅と南草津駅は滋賀県内のＪＲ駅の乗降客数のトップ２。それゆえＪＲ西日本が草津に新駅（場所は瀬田と南草津の間）を作りましょうと打診してきたが、これを完全拒否。筆者もその予定地を歩いて「さすがにここに駅はないよなあ」と感じたが、自治体というのはこうした計画に飛びつくこともあるわけで、草津にすれば英断だろう。

草津を褒めるばかりではシャクなので、筆者が個人的にクレームするとすれば、「草津宿場まつり」の時代行列だ。聞くところによれば、殿や姫などその大半は市外からの参加者と聞いた。さすがにそれはオープン過ぎじゃない？そこくらいは地元民（流入民含む）中心でもいいと思うんだけどね。

※　※　※

２０１４年の取材時、前年の「住みよさランキング」（東洋経済新報社）で近畿ブロックの１位を獲得していた草津市。それから２０１７年まで５年連続

1位という偉業を成し遂げている。こうしたランキングでは浮き沈みも常。それでも草津がトップを堅持し続けている理由は、本編でも書いたように子育て世代の新住民ファミリーのニーズに合った街になっていることに尽きる。本編ではひと言で済ませたが、とくに子育て環境や教育施策の充実ぶりが好評だという。ほどよく都会で緑豊かな環境、保育園が多いのはもちろんのこと、小中学校にはすべての普通教室に電子黒板が設置され、タブレットなどを利用したさまざまな授業を行われているなど、従来よりも効率的に一歩進んだ授業が展開されているところは、移住希望者に魅力的に映るらしい。

草津の人口はここ5年（2014〜18年6月現在）で、約6000人増加した。5年間で1万人以上増加していた1990年代後半と比べて、さすがに右肩上がりとはいかないが、今も着実に増え続けている。

ただ、ここでも最後にあえて苦言をいうなら、市内の交通渋滞の酷さは目も当てられない。草津も高齢化とは無縁ではないのだから、今後、自家用車に頼らなくても自由かつ円滑に移動できる交通環境の整備を進めてもらいたい。

住みよい街として人気の草津。市内の伝統や歴史ある街にも住宅街が造成されて新住民が流入。新旧住民の交流が盛んに行われている

巨大なイオンモール草津。人気の商業施設だけに、休日の18号では強烈な渋滞が起きる

線路を挟んで別世界！農商二面性を持つ草津の実態

繁栄しているようで危うい草津の商業

どうしても草津市の新駅候補に上がった土地を見たくて、南草津駅の東口から渋滞が激しい国道1号を大津方面にひたすら歩いて現地に向かった。ひとまず場所の確認はできたので、ここから南草津駅までルートを変えて戻ろうかと考えた。そこで横道に入り、琵琶湖線の線路をくぐって東側の南笠地区に出てみると、風景がガラッと変わる。国道1号沿いは飲食店やパチンコ店などが連なるが、こちらは農地ばかりのザ・カントリー。とりあえずここから南草津駅の西口まで歩こうと思ったが、国道1号のような目立った道はなく、見晴らしはいいが地図を見ながらでも迷ってしまいそうだったので、結局来た道を戻った。

この話を草津駅周辺を取材中にお話を伺った現地のおかあさんにしてみると「草津は線路を挟んでまったく違いますよ。琵琶湖の近くは農地、こっち（西）は商業地ですね」。それでもって、もっと西（南）に行くと今度は工場が密集する。市内の産業分布は、第１次産業から第３次産業が地域ごとに分かれ、イオンモールのような例外はあるものの、一応グラデーションのようになっている。

線路の西、草津の第３次産業（商業）については、一見するとかなり繁栄しているように思える。しかし、意外に危うい状況かもしれない。２００７年のデータになるが、草津の年間商品販売額は大津に次いで県内２位。だが、この総販売額から大規模店舗の販売額を除くと、県内９位の数値にまで落ち込むのである。あまりにも大規模店舗に依存し過ぎなのだ。しかも大規模店舗の出店が相次いだことで、地元商店街は衰退し、販売額は減少傾向（例外あり）。人口は増えたものの、買い物はみんな大規模店舗へマイカー通い。先のデータの翌年の２００８年には巨大なイオンモール草津が出店。大規模店舗の誘致は今もとどまること知らず、市内の渋滞悪化と共に今後、空洞化がさらに進むことは目に見えている。

モノはいいのに伸びあぐねる農業

一方、線路の東側、琵琶湖畔まで続くエリアで行われている第1次産業（農業）はどうなのか？　草津市の『平成24年度調査研究報告書』を見ると、耕地面積は1980～2010年の30年間でおよそ42パーセントの減少。農業従事者人口の年代別割合を見ても、65歳以上が67・5パーセント、50歳未満の年代はトータルで10・6パーセントと高齢化が進んでいる。

とはいえ、農業生産に関しては草津の市域自体は狭いのに、ダイコン、コカブ、ヒノナ、ミズナ、ホウレンソウ、メロンといった野菜が県下トップクラスの作付面積を誇っている（2010年）。こうして収穫したハウス野菜を売って、高額な対価を得ている大規模農家もあるものの、小規模農家がメインで後継者も育っていない。しかも兼業農家は大きく減少。農家をやめ、農地は商業地開発のために売却するケースも少なからずあり、これでは耕地面積が減少していくのも当たり前だ。

だが、草津の農業は産物の品目数は少ないが「特産」を持っている。これは強みだ。ならば生産から加工、販売までを手掛ける６次産業を「草津ならでは」の方法でできないものだろうか。市内の農家がＪＡを通して、パナソニックの社員食堂にサラダバー用野菜を提供しているそうだが、そうした現地企業や大規模商業施設、もしくは地元商店街でもいい。今の草津に不足している野菜加工場を整備し、その野菜を商品に加工して流通させることは不可能だろうか。また、今や食を扱う企業は６次産業に参入し、その生産部門を既存の農家に頼ったりしている。京阪へのアクセス抜群の草津に既存の農地をベースにした生産農場を持ちたい企業があるかもしれない。そうした企業が農家の売り上げを保証してくれるなら、草津の農家と農地の減少が止まる可能性もある。

発展著しい草津なのだから、産業を線路で区切ることなく、草津ならではの連携で新たな強みを作っていってもらいたいものだ。

※　※　※

草津の農商二面性がテーマの本編だが、最後に商業とまちづくりの話を付け加えておきたい。

ＪＲ草津駅の東口、北中商店街と栄町商店街のある「北中西・栄町地区」では、中心市街地の活性化に加え、老朽化した建物が密集していることによる防災上の懸念があることなどから、両商店街の店主らと協議を進め、２００７年に再開発を行う方針を固めた。それから10年経った２０１７年10月、ようやく工事がスタート。２０２０年には、同地区の一角に商業施設、高齢者サポート施設、住宅が複合する地上26階建てのタワーマンションが完成する予定だ。

周辺にはこの他にもすでにタワーマンション（リーデンスタワー草津、ザ・草津タワー）が建っており、東口の高層化が一層進みそうだが、何やらこの構図、「タワマンの街」として注目を集める武蔵小杉（神奈川県川崎市）と似てないか？

武蔵小杉は約10年前、工場の相次ぐ撤退に加え、街中に老朽化した木造住宅が密集していたため、安全なまちづくりが必要と再開発が進められ、40階建て以上のタワマンが10棟以上も建った。以来、武蔵小杉の街はオシャレな（オシャレっぽい）タワマンに加え、交通の利便性の良さも注目され、ハイセンスを気取った新住民が続々と流入してきた。ただ、新住民が増えたはいいが、彼らはなかなか古い商店街に足を向けてくれない。しかも人気の街になったことでテナント料が高くなってしまい、古い商店街では廃業する個人商店が増え、全国的なチェーン店に取って代わられてしまった。まあ、これはあくまでもヨソの例だが、大型の再開発にはメリットもあればデメリットもあるのだ。

北中や栄町の商店街はその昔、平日でも人で溢れかえっていたという。その時代を見てきた人たちが現状に強い危機感を覚えたのも当然だし、再開発は生き残る術だったのだろう。しかし、タワマンのおかげで地域住民が増えるからといって、それが即売り上げにつながるわけでもない。地方の商店街はもはや「線」ではなく「点」、いわば商店街の魅力ではなく、その中に魅力的な店（強い店）がどれだけあるかがポイントになる。強い店が客を呼び、その周囲に店を呼ぶという流れをつくるのがカギなのだ。それができなければ、タワマン住民は郊外の大型商業施設に足を向けることになるだろう。

廃墟のショッピングセンターピエリ守山はどうなった？

明るい寂れっぷりにピエリファン急増！

滋賀県の有名な心霊スポットにして廃墟といったら、１９９２年に壊された琵琶湖畔の「木の岡レイクサイドホテル」を思い浮かべてしまう。テレビの心霊番組やオカルト本でたびたび紹介され、怖がりの筆者はそれを見て背筋が凍る思いをしたもんである。その幽霊ホテルをドンヨリと暗～い廃墟とするなら、同じく琵琶湖畔で廃墟と化しているピエリ守山は雰囲気もオシャレで「明るい廃墟」。実際ファンも多いのだ。

ピエリ守山は正式名称を「琵琶湖クルージングモール　ピエリ守山」といい、大阪の某不動産会社がびわ湖わんわん王国の跡地に建てた県内最大級のショッ

ピエリ守山位置関係 MAP

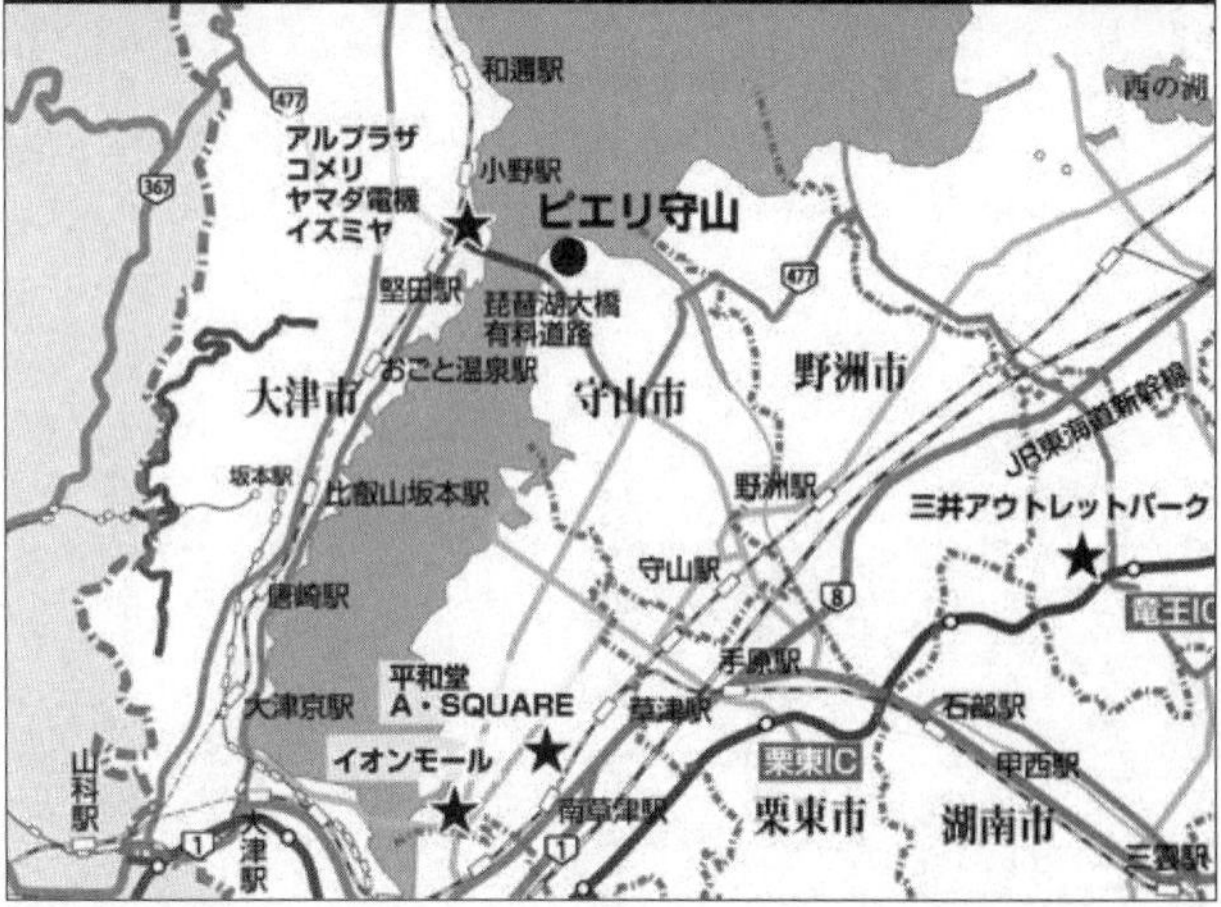

ピングモールだ。2008年に約200店舗のテナントが入って華々しくオープンしたが、その2カ月後には近隣に相次いでショッピングモールが開店。まず草津で「エイスクエア」がリニューアルオープンし、大津では「フォレオ大津一里山」が開業。そして再び草津で「イオンモール草津」が開業。さらにまた大津で「アル・プラザ堅田」が開業する。ピエリ守山包囲網の完成である。

それでもピエリ守山は人気店の存在もあって踏ん張りを見せたが、2010年には強敵・三井アウトレットパーク滋賀竜王が開業。同年に開発業者が破産。以後はテナントの撤退が相次ぎ、２０１３年には60店舗に、さらに同年末にはたった4店舗となり、残った中のリンガーハットは、「日本一大きなリンガーハット」ともいわれた。地元では「もう行く理由がない」という声が上がり、もはや珍しいもの見たさの見物客しか集まらなくなった。その間、何度か復活の噂はあったが、２０１４年2月末に残る2店舗（カフェと宝くじ屋）が閉店してジ・エンド。ネット上では「悲報」と報じられた。

テナントよりまず琵琶湖大橋をタダに！

しかし、店はなくなっても建物は取り壊される予定は当面ない。というのも、ピエリ守山は完全に終わったわけではなく雌伏期間であり、２０１４年秋か２０１５年のリニューアルオープンに向けて改修工事中のようで。

ただ、コストコが入るという噂が流れたこともあったり（規模と雰囲気はピッタリだけどね）、それ以外にもたびたびリニューアルの噂が立ちながら、その都度オジャンになってきた。そんなことばかりだったから再開を疑う声も多々あるが、なんと「ＺＡＲＡ」と「Ｂｅｒｓｈｋａ」のピエリ守山店がオープンすると求人サイトに告知されたのだ。このニュースはネット上で、今度は「朗報」として報じられた。

でもねえ……ピエリ守山のネックはやっぱり「琵琶湖大橋」が有料ということに尽きるでしょ。通行料２００円、往復４００円は高いハードルとして、大津側からの人の流れを確実に阻害している。対して無料の近江大橋はどうだ。橋のふもとにあるイオンモール草津は、土日には大渋滞が起きるほどの盛況。ピエリ守山は琵琶湖大橋を無料化させるか、一定金額以上の買い物をした客に橋の無料チケットを配るぐらいしないと太刀打ちできない⁉　まあ、県内未出店の魅力的なショップが大挙出店すれば、琵琶湖大橋の通行料をピエリ守山の入場料ぐらいに見てくれるかもしれないけどね。

それよりこの建物。地元のフィルムコミッションとして、映画のロケ地として使えないかい？　儲からないけど需要はありまっせ！

※　※　※

「明るい廃墟」の別名で親しまれたピエリ守山。２０１４年２月に閉店したが、その約10カ月後の同年12月、リニューアルオープンを果たした。ファストファッションの外資系ブランド、ZARA、H&M、GAP（H&MとGAPは滋賀初出店）を目玉に100を超える店舗、テナントを誘致し、レイアウトも変えて満を持しての再開。オープン初日には約2000人が並び、約4万3000人が来店する大盛況で、琵琶湖大橋（通行料が200円から150円に値下げされた）があるため懸念されていた琵琶湖以西からの客も多かったそうだ。

というわけで、筆者は2018年6月、半信半疑ながら華麗なる復活を遂げたというピエリ守山の現状を確認するため、再び現地へと赴いた。するとどうだろう。平日だというのに駐車場にはそれなりの数の車（ナンバーもさまざま）が停まり、施設の中にもそこそこの数のお客さんがいるじゃないか！　閑古鳥が鳴いて再び廃墟化の兆候でも見せてたらオチとしちゃ面白かったのに、な〜んだ立派に営業しているじゃないの。

琵琶湖が見えるテラスも開放感があっていいし、話題の「めっちゃさわれる動物園」も面白い。2019年には温浴施設が開業予定と来ている。まあ、2度目の失敗はないと思うが、もしまた廃墟になったら取材しに来ます。

閉店して完全に廃墟化していた2014年当時のピエリ守山。これはこれでネタとしては面白かったんだけどね

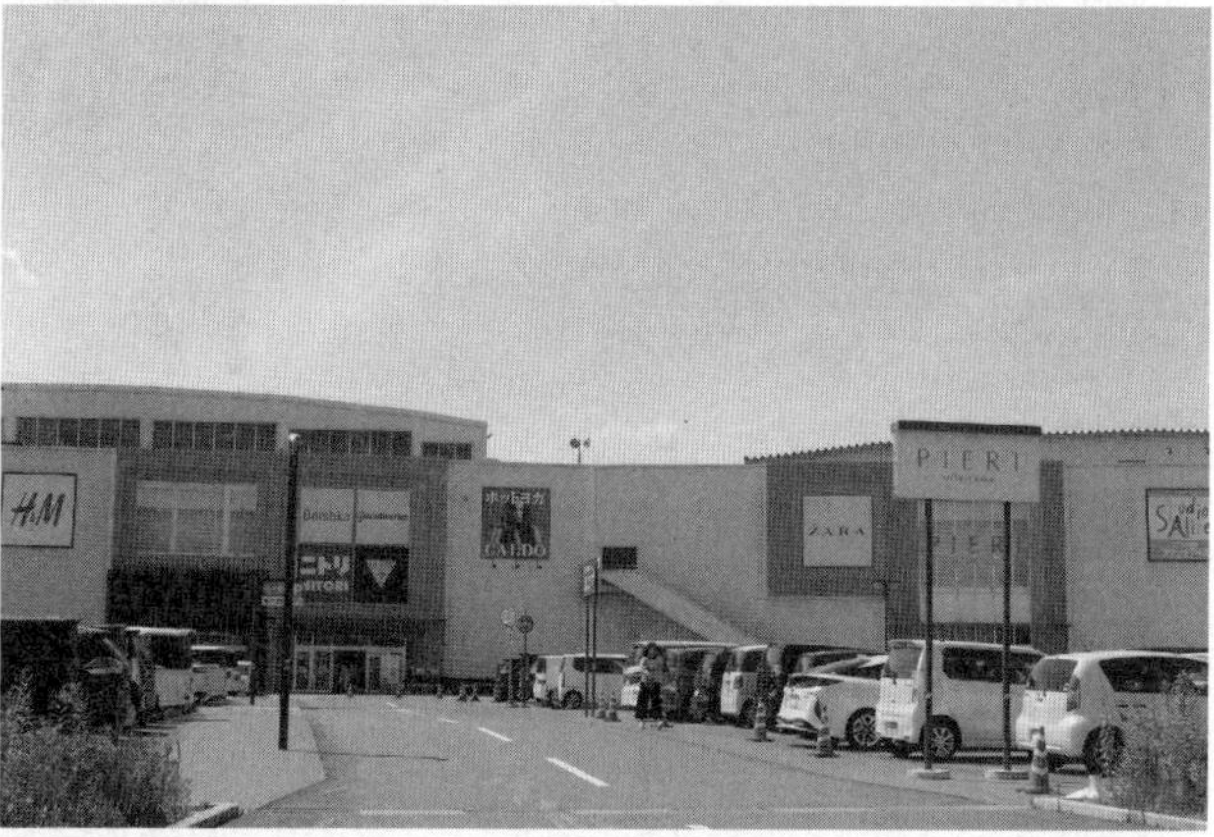

華麗なる復活を遂げたピエリ守山。ただ話によると、平日の午前中に来ると客も少なく、まだまだ廃墟感を味わえたりするという

アップダウン激しい栗東に明るい光はある!?

巨額の税収を手にしてイケイケドンドン！

栗東発展のきっかけは1963年の名神高速道路・栗東ICの開業だ。続く1969年には日本中央競馬会の栗東トレーニング・センターが開設。ちなみに……栗東って一般的な知名度はそれほど高くないけれど、競馬ファンには超常識の地名。競馬ファンは「トレセン」も一般常識ワードだと思っていたりするので、意外に通じないことに驚いてしまう。

話は逸れたが、ICとトレセンの開設でド田舎の栗東に多くの企業や人が流入することになり、税収が格段に増えた。加えてタバコ小売業者の誘致で巨額の税収を手にする。さらに公共事業をバンバン行い、栗東は多額の市債を抱えつつも大きな発展を遂げ、２００１年に市制を施行する。

財政が実は危険水域にありながらイケイケドンドンの栗東は、多額の税収が見込める企業の誘致に力を注いでいく。最高レベルの企業優遇策の効果もあって誘致は順調に進んだが、企業との一蓮托生の関係は景気が悪くなるとピンチに転ずる。２００８年のリーマン不況の影響で企業税収がガクンと減り、企業の雇用情勢も悪化して多くの従業員が職を失い、市民税収入の減少も招いた。

しかし、それよりも大きな打撃だったのは長年計画を進めてきた新幹線駅（南びわ湖駅）建設の凍結である。某栗東市民はいう。

「すべては新幹線の駅を作るところから始まって、途中で凍結になって赤字化したからな。そのシワ寄せを市民が喰ってる」

財政再生団体入りの危機もあった！

２００２年に新駅設置の決定が下されたことを受けて、市の土地開発公社は、新駅を作るための土地を先行取得した。２００６年に新駅は着工されたが、翌

栗東興亡の歴史

1963年	名神高速道路の栗東IC の供用開始
1969年	JRA・栗東トレーニングセンターが開設
1991年	琵琶湖線の栗東駅が開業
1998年	たばこ業者の誘致条例を制定
2001年	市制を施行し栗東市になる
2003年	栗東に事業所のある大手のたばこ小売会社が市内でのたばこ購入を停止し、15億円に上るたばこ税が停止
2006年	東海道新幹線・南びわ湖駅の建設着工も工事中断
2007年	南びわ湖駅の建設凍結が正式決定
2010年	税収の落ち込みで28年ぶりに地方交付税の交付団体になる
2011年	リチウムエナジージャパンが本社を栗東に移転

※各種資料より作成

2007年に凍結が決まり、予定地は宙ぶらりん状態になった。土地開発公社の損失は約130億円。公社が破綻すれば、市は財政再生団体に転落する可能性もあった。新駅問題の責任の一端を担った県の助け舟もあって、財政再生団体への転落は免れたものの、2010年には追い討ちをかけるように、市がタバコ業者4社に低金利で貸し付けていた19億円のうち7億円の返済が焦げついた。ちなみにこの年の将来負担比率（地方債の負債の大きさ。３５０を超えるとピンチ）は３１２・６。翌２０１１年の同数値は２８１・８とやや好転したが、滋賀県内では最悪の数値。もうどーなってるのよ、栗東市！

市民はいう。「たいした人口もおらんのに、借金まみれだからサービス悪いわ、保険税と住民税合わせたらアホみたいに高いんやぞ。なめとるわ」

住みやすい街と評判の栗東も、住民の評価はさして高くない。ただ、市は再び企業誘致に力を入れ、アベノミクスによる製造系大企業の好景気で税収が再び増え、財政再建は進んでいるものの、やはり気になるのは新幹線新駅の行方だ。

将来、リニア中央新幹線が関西までつながり高速運転を始めたら、東海道新幹線のダイヤは今よりもっと地域密着型にする可能性がある。なら地元民の足として、米原と京都間に駅を設置するのは一理ある。しかし、この新駅建設の再開についても市民の目は冷たい。

「またやるっていうかもしれんけど、やったところで誰が1日に７０００人も栗東の新幹線駅を利用すんねんて話や。また借金背負って、それがこっちに跳ね返ってきたらたまらんわ」

栗東市が重視しているのは企業誘致。財政再建中の今は、住民へのサービスより企業が優先!?

確かに、新幹線新駅が琵琶湖線ではなく草津線との接続駅になるという点を考えれば、市民がこう思うのも当然だ。

とりあえず栗東は市債額を減らすことが大前提だが、首長には市民とうまく「折り合い」を付けられる「名ジョッキー」になってもらいたいものですな。

※　※　※

栗東市内への新幹線新駅設置については、JR東海の社長が「もう終わった話」と述べているようにもはや完全凍結。今後滋賀県から栗東以外の立地を含め、設置の打診があった場合でも応じないとしており、要は「そっちから断っておいて、今さら欲しいといってもダメだぞコラァ～」と、かなりのお怒りようである。というわけで、新駅候補地は工業用地としてバラ売り。立地してくれる企業を募集中である。

ただ新幹線新駅の失敗が栗東市凋落の主因とされるが、JR手原駅のリニューアルや環境センターの設置、小学校の新設などで約100億円近い投資が行われてきたのも事実で、すべてひっくるめて財政難の要因となっている。新駅跡地の再整備にも当然、多額の事業費が投入されてきたのだ。

それでも栗東が恵まれているのは、今も人口増加が右肩上がりで、少子高齢化とは無縁なことだ。草津と同じく交通の利便性は良いし、「幼児園」など独自の子育て支援策も好評で移住が進んでいる。さらにリチウムエナジージャパンなど大企業の本社もあったりと、財政はピンチ（財政力指数は高いけどね）でも希望の光はあるのだ。

栗東は「住みよさランキング」で全国1位を2度も獲得した過去がある。そのノウハウを生かせば、復活も夢じゃないと思うのだが。

湖南市が抱える〝他愛ない〟内憂外患

旧町の間で今もくすぶる住民感情

隣町には巨大アウトレットがあるし、ちょっと足を延ばす必要があるけど草津のイオンモールも週末の買い物圏内。ロードサイドも案外発達していて、日常生活は意外と便利そうな印象を受ける湖南市。家賃も安そうだし、工場なんかも結構あって、高望みしなければ職住近接の住みよい街なんじゃないだろうか。ところが、地元民に話を聞いてみると、これで意外と悩みの種は尽きないらしい。

まず、旧石部民と旧甲西民の間の合併を巡る住民感情だ。合併のメリットを享受している実感は、両民ともにほとんどないと言っていい。ただ、合併を後悔している人は旧石部町より多いようで、旧甲西町の人たちからは「石部の人はいろいろ文句言わはるわな」という声が聞かれた。何について文句を言っているか、肝心な部分はどうにも訛りがきつくて聞き取れなかったんだけど（2度聞きなおしても不明だった）、文脈から推測するに「格下の甲西とくっついたことが失敗だった」と嘆いているようだ。そもそも、石部と甲西の間には昭和の大合併時からの因縁がある。当時、石部町と三雲村、岩根村、下田村の間で合併協議がなされたが、町名存続と役場は石部に置くことを頑として譲らなかったため、三雲村、岩根村の2村のみで合併し、甲西町となった（3年後に下田村も合併）。それから半世紀の冷却期間を経て、両町はひとつにまとまるのだが、町民同士の火種はいまだにくすぶったままとなっているようだ。

地域のしがらみが新住民の重荷になる

住民同士の深過ぎるつながりも、頭痛の種らしい。市役所には、地区、学区、自治会ごとに発行している（手作り感満載の）広報が、何十と置かれている。

地元民にその話をすると、50軒足らずの小さな集落でさえ、年に数回は広報を発行しているというのだ。掲載される情報は、地元の名所や祭り&イベント情報から、小学校に入学する○○さんちの子供が書いた作文とか、厄年の人のことなどなど、超ローカルなことばかり。毒にも薬にもならないような地元ネタを、よくもまぁアチコチで発信するものだと思ったのだが、よくよく話を聞いてみると地域住民の結びつきの強さが関係しているようだ。そして、その結束力の強さが若者世代に大きなプレッシャーとなっているようなのだ。

湖南市一帯（というか旧甲賀郡）には、村社会っぽい地域性が今でも色濃く残っている。そのため、長男・長女は代々の屋敷や土地を守らなきゃならないし、お寺さんのことや墓守もしなきゃいけないから、たとえヨソに働きに出ていたとしても、子供が学校に上がるタイミングで戻ってくることが多い。そして、住んだ時点で自治会に入るのが当たり前であり、週末ごとに公民館で開かれる役員会や会合にも、なかば強制的に駆り出される、というのだ。しかも、祭りなど地域の行事の段取りもしなければならない。中でもとりわけ気を使うのがお寺関係のこと。信心深い土地柄で檀家衆が口うるさいため、「右にならえになってなんぼ」なのだとか。こんな調子だから、実家に戻る息子や娘ならあきらめもつくけど、もらわれて来た嫁や婿は「ようこんなに用事があるな！」と誰もがグチりたくなる。いや、グチるくらいならまだマシで、中には地域のしきたりや濃密な近所づきあいに馴染めない嫁もいて、新住民が多い工業団地に近いニュータウンエリアに引っ越すこともあるそうだ。こうした現状を嘆き、いまはまだ辛うじて残っているしきたりや地域住民の結びつきも、二代三代後になったらどうなってしまうかと、心配する声も聞かれた。

湖南市にはもうひとつ、市のイメージダウンにもつながりかねない大問題がある。「湖南」というエリア名を市名に使っていることが、ヨソからの反発を買っている、というのだ。ただ、この問題については、市民から憂いの声はまったく聞かれなかった。地元の行事のことで手一杯だから、ヨソの目を気にする暇もないのだろう。

滋賀県コラム 5

縁起モノの信楽たぬき

甲賀の信楽で作られる陶器の信楽焼。伊万里焼のような見た目の派手さはないが、土や灰の特性を生かした焼きによる風合いは素朴で温かい。室町～安土桃山時代に、わびさびの精神を追求して発展した茶道界の巨人たちは、その素朴な風合いの信楽焼の器を珍重した。しかし、信楽焼といったら、その代名詞は壺、甕、椀よりも狸の置物だ。愛嬌のある可愛らしい顔にご立派な股間の金○袋。けど、狸の置物の発祥はそれほど古くはない。

狸を作ったのは明治生まれの陶芸家・藤原鐵造。彼が京都で修行していたある日の夜、月明かりの中で狸が腹鼓をしているのを見かけるという貴重（？）な体験をする。親方から「何人に1人しか聞けない狸の腹鼓」と教えられ、信楽に移り住んでから狸を飼って観察し、縁起物としての狸を作り上げたという。それが1935年のことで、全国にその存在が知られるきっかけになったのは

1951年の天皇陛下の巡幸。信楽焼の狸に日の丸を持たせて沿道に設置したところ、天皇陛下が感激して歌を詠んだというニュースが全国に広まった。

そんな狸の置物だが、よく見かける場所は店先だ。なぜ店先に置かれるのかといえば、商売繁盛の縁起担ぎである。狸がかぶっている笠は「災難を避ける」、狸の大きな目と愛想のいい顔は「四方八方に気を配り、見通しがきく」という意味。丸々としたでっぷり腹は「商売人は太っ腹でなければならない」ということを示し、徳利は「飲食に苦労せず徳が持てるように」、通い帳は「信用第一、商売繁盛」につながっている。そしてあの金○袋は「金運に恵まれるように」。つまり、信楽の狸は商売人のあるべき姿を表しており、さすがは近江商人の国の置物である。

こうしていろいろな店に置かれる狸だが、とくに蕎麦屋でよく見かけるのは、かの立派な金○袋が関係している。昔、金を薄く引き延ばす際、狸の睾丸の皮を使用したといわれ、こぼれて細かくなった金を集める際は、そば粉を練ったものを使ったという。どちらも「金を集める」という意味を持つことから、蕎麦屋が狸を置くようになったといわれている。ということは、たぬきそばって非常に縁起が良いメニューなのかもね。ちなみに、関東のたぬきそばの具は「天かす」、関西は「油揚げ」（北海道では「かき揚げ」だとか）。関東では天ぷらの具がない天かすの「たね抜き」が「たぬき」に、関西ではきつねうどんの麺が蕎麦に化けたから「たぬき」というなど、諸説あるようだ。

第6章

近江の伝統が生きる湖東地域の苦悩

彦根市民に根強く残る大津への対抗意識

ひと言でいうと面倒な気質の彦根民

取材で訪れた彦根の街は、週のド真ん中だというのに観光客が意外と多い。これが偶然かといえば、どうも違うようだ。タクシーの運ちゃんによれば、彦根を訪れる観光客は実感として増えているそう。確かに、駅前ロータリーにいたわずかな間にも、井伊直政像を写メっている歴女を4人も見かけた（歴爺もいたけど）。また閉門時間が迫るというのに、彦根城内には大勢の見物客がいた。

言わずもがな彦根は歴史の街である。町屋の風情漂う夢京橋キャッスルロードや、瀟洒な大正風建築が目を引く四番町スクエア（空回り感がハンパないけど）など、まちづくりにもその意識は表れている。芹町や河原町の狭隘な道には手を焼いたが（車で行ってエライ目に遭った）、古色をとどめた街並みは彦根を象徴するエリアとして、このまま遺すべきだ。

地元民と話してみると、彦根気質についてもいくつか聞くことができた。例えば、彦根民には武家社会の気質が強く残っているそうだ。保守的で伝統を重んじる滋賀県民だが、その中でもとりわけ彦根民はその傾向が強いらしい。県内から彦根に移住した新住民が、口を揃えて「彦根は特殊！」というのだから、かなり異質に見えるのだろう。

生粋の彦根民からはこんなエピソードが聞かれた。「彦根は井伊家から出た市長さんが9期やりはったんちゃうかな。だから36年くらいは市長さんいうたら井伊さん！」。その後も、井伊さんに打診して断られては別の候補を立てるの繰り返しが市長選のたびに続き、今でも井伊家から出馬することがあれば当選するのではないか、という。この話からは、地元の付き合いや繋がりを何より大切にする、彦根民の横顔が見えてくる。当人たちの分析では、「それが近江商人気質なんちゃいます？」ということらしい。

さらには、こんなことを言う人もいた。「彦根には彦根城があるんだから、文化都市とか工場誘致とか無理しなくてもいい」と。彦根民にとって彦根城は大切な観光資源である以上に、心のよりどころとなっている。市長選の話も総合すると、21世紀の現在でも「彦根は城と井伊の殿様でもっている」ということである。

落ちぶれても大津に情けは乞わぬぞ!

街も古めかしいが、気質的にも古めかしい。そんな伝統と格式を重んじる彦根民を象徴するのが、県都・大津への並々ならぬ対抗意識だろう。人口規模で3倍の格差があり、中心市街の開け具合も雲泥の差がある大津に噛み付くなんて、大人と子供のケンカのようなもの。まるで相手にならないと思うのだが、一部の彦根民は大津を本気でライバル視している。その人たちの拠りどころとなっているのは、「旧一中(彦根東高校)」と「県庁」だ。

官立旧制中学の中でも、「一中」の扱いは全国どこでも別格。伝統があり格も高く学力もトップクラスなのだから、当然といえば当然だ。彦根民も旧一中

彦根と大津のライバル関係

県庁所在地争いで大津が彦根に勝つ
滋賀大学は2学部（大津と彦根）しかないのに統合できない
彦根東高校と膳所高校はライバル。県内には彦根東閥と膳所閥もある
滋賀の県庁は大津だが気象台は彦根にある
江戸期、井伊家の庇護を受けた松原・長浜・米原の3湊が大津百艘船と争う

※各種資料より作成

は自慢の種で、大津の旧二中（膳所高校）を明らかに格下扱いする。相手が県内一の進学校ということは、わかっていても完全無視。どこまでも強気なのだ。

さらに県庁の話になると気炎を吐く。「本当は彦根が県庁所在地だったはず。今からでも遅くないから、彦根に県庁を持ってきてほしい！」。振り返ってみると、明治期に大津と犬上の2県が合併して滋賀県が誕生してから、彦根への県庁移転動議は県議会で可決と否決を繰り返した。県議会は紛糾し、最終的に国が県議会の解散を命じたことで、この話は結局うやむやのうちに立ち消えとなってしまったが、はっきりと決着がついたわけじゃない。それだけに、「歴史的にもロケーション的にも滋賀の中心は彦根！」という思いは、100年以上くすぶり続けたままとなっている。

ただ、大津への恨みを口にする人も今ではごくごく少数派。しかも、彦根の置かれている現状をよーくわかっている。「ここんところ彦根はずーっと人口が増えてないいんですよ。京都、大阪に通うんやったら草津とか向こうのほうが便利やし（彦根民のプライドにかけて「大津」とは絶対に言わない！）。だから、向こうのほうは開けますし、ごっつ人口も増えてますし。彦根ももっと人口が増えれば活性化するんやけどねぇ……」。気が付くと、歯牙にもかけていなかった草津にすら、置いてけぼりを食らっている現状を嘆く声になっていた。

幕末以来、彦根は貧乏くじばかり引かされている。浮かばれる日はいつやってくるのだろうか？

※　※　※

大津VS彦根といっても、若い滋賀県民いわく「今は草津の方が都会」とそっけない。だが、草津と大津・彦根じゃ街の年季の入り方が違う。だいたい県庁移転騒動は彦根だからこそで草津じゃ起きない。その県庁移転について本編で明治期の騒動を解説したが、実は昭和にも一度騒動が起きた。1936年に県庁舎改築計画が持ち上がった際、彦根側が県庁移転の陳情書を出したのだ。しかし県庁改築は議会で可決され、そのまま移転問題も立ち消えになった。

そんな県庁問題は彦根民の間ではもはや過去のことになりつつあるが、大津への対抗意識、とくに彦根東高（旧一中）へのこだわりと膳所高（旧二中）への対抗意識は今も激熱。その良い例が2018年春のセンバツ高校野球だ。この大会には滋賀県から何と3校が出場。前年秋の近畿大会で好成績を挙げた彦根東と近江の彦根勢、そして21世紀枠で選ばれた膳所である。膳所は胸に大きな「Z」の文字が入る真っ白なユニフォーム。OB会長は「試合当日はアルプスを膳所カラーの白に染める」と息巻いた。ならばと彦根東も黙っちゃいない。OB会長は「井伊の赤備え」にちなみ、「アルプスを真っ赤に染めたい」と話した。当の彦根東のキャプテンは「近江は地元のライバル。甲子園でも戦いたい」とコメント。若者とは対照的な膳所・彦根東OB（どちらも70代）のつばぜり合いに、長年に渡る強烈な対抗意識とお互いの自負心を見た気がした。

国立大らしい地味な学生が大勢いた滋賀大学。彦根民にとってはやはり旧一中のほうが自慢のよう

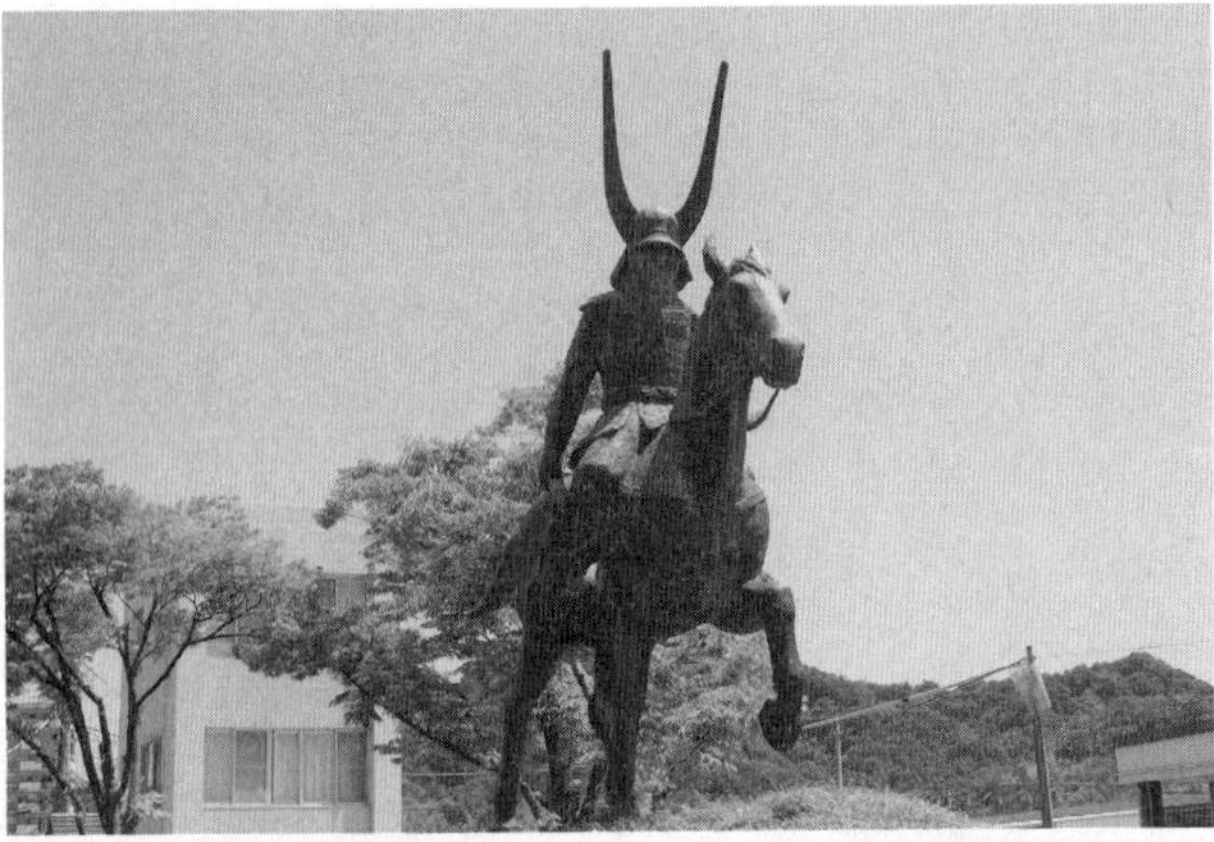

彦根は城と井伊の殿様でもつ。駅前にある立派な井伊直政像を見れば、どれだけ彦根が井伊を誇りにしているかがわかる

再開発で変貌する彦根のこれから

建物より目立つ更地！　これがいつまで続くのか

取材する中で、滋賀県民の中でも彦根民はとりわけケチ、という話もあった（悪口じゃなくて、あくまで聞いた話）。いわく「プリウスの割合がむっちゃ高い！」らしい。ガソリン価格比較サイト「ｇｏｇｏ．ｇｓ」で、レギュラーガソリンの都道府県別平均価格を見ると、滋賀は全国34位（2018年8月現在）と、けっこう高い。つまり、プリウス率が高いことは、彦根民のケチっぷりを物語っているのかもしれない。

また、こんな話もあった。市内の平和堂のある店舗では、消費税増税直前に普段の2倍売り上げた日もあったらしい。節約志向は結構だけど、ついでにいらないものまで買い漁った人も多いはず。質素倹約を庶民に徹底させた二代藩主・井伊直孝が、聞いてあきれる話である。その一方で、プライドが高くて外の人間に対しては見栄っ張り。京都の祇園や大阪新地に行くと、彦根民は人が変わったように金離れがいいそうだ。

まぁ、これ以上彦根民をけなすのは忍びないので、そろそろ本題に入ろう。現在彦根では、近江鉄道の車庫跡地で土地区画整理事業及び、都市再生整備計画を進めている。開発エリアは駅前東口一帯の39ヘクタール。商業施設や住居、オフィスを中心とした、新たなまちづくりが進められている。その中には38階建てタワーマンションの建設も含まれており、不況下で一度は白紙に戻されたものの、性懲りもなくまたもタワーマンション計画が進んでいるようだ。高層建築物が林立する大津への対抗心かもしれないけど、景観になじまない超高層物件の建設はちょっと……。

彦根駅に東口が開設されたのは2007年。彦根インターの近くから宅地開発が進み、駅利用者の増加とともに東口設置の要望が高まり、開設される。近江鉄道の車庫と一面の田んぼだらけだった駅前に、ホテルができた2009年頃からは、商業施設も次々オープンした。

市の目論見では、将来的にはこのエリアに1800人の人たちを呼び込むつもりらしい。京町商店街から国道8号に向かって跨線橋を下っていくと、左手に巨大な更地が現れる。予定では、ここが住宅で埋まることになるそうだが、取材時には工事の気配すら感じられなかった。東口開発事業の計画期間は2018年度まで。大手デベロッパーが本気になれば、1年もあれば家並みで埋め尽くすことも可能だろうけど、ちょっとのんびりし過ぎじゃないか？と、他人事ながら心配になってしまうのだ。商業&オフィスエリアについても、なんだかちょっと雲行きが怪しい。いまだにどういった施設ができるのか、具体的な業者名が挙がっていないのだ。ガラ～ンと開けたままで、コンビニすらできる気配がない東口駅前を見ていると、地元民ならずとも不安になってしまう。

古い街は人の入れ替わりも少なく閉塞的になりがちだから、東口に新しい街を造れば長年溜まった澱も流れるし、いい起爆剤になるんじゃないだろうか。もし街区が売れ残ってスカスカだったらと考えると空恐ろしいけど。見栄っ張りな彦根民のこと、水面下では八方手を尽くして業者探ししてるんだろうけどね。

※　※　※

彦根駅東口一帯の再開発事業は、旗振り役の市が悪いのか、それともデベロッパーにやる気がないのか、施行完了予定年（2018年）にもかかわらず、一向に進んでいる気配がない。2012年あたりに噂になっていたタワーマンションもどこにもなく（まあ彦根城より高い建物をつくったら地元の長老が激怒しそうだなあ）、ビジネスホテルとオシャレな結婚市場、そして大型の家電量販店が目立つ程度。その様子は、2014年に筆者が取材した当時とほとんど変わらない（ちなみに西口も相変わらず）。

ぶっちゃけて言ってしまうと、彦根は再開発（まちづくり）がヘタクソだ。地元には城下町・彦根にプライドを持つ人が大勢いるが、そんな地元ならではの価値観がまちづくりにもうまく反映されればいいのに、保守的で融通が利かず、「あれが気に入らない」「ここはこうだ」と話し合いは紛糾し、意見がまとまらないから、物事がなかなか先に進まないそうだ。その代表例が四番町スクエア（彦根市場商店街）の再開発だろう。当計画は一度断念となり、その

彦根駅東口の再開発は2018年完了の触れ込みだったが、ビジネスホテルや家電量販店が目立つばかりで変わっている様子がない

後、当地の若手商店主の力で事業が復活。しかし完成したはいいが、大正ロマン風に生まれ変わった街並みは「いかにも再開発しました」という感じで、周囲（夢京橋キャッスルロードなど）との調和がとれていない印象を受ける。そのせいで風情がないから観光スポットとしての魅力が薄い。どうせならもっと広範囲に思い切ったまちづくりをしたら良かったのに……。

　こんなことでは大津と張り合うどころか、県内二大都市のポジションからも転落してしまうだろう（まあ大津も大概だけどね）。

彦根に〝井伊バブル〟は起きたのか？

井伊が主役の話なら彦根が黙っちゃいない！

戦国期の英雄たちが活躍した滋賀県は、大河ドラマの舞台になりやすい。近年では『江～姫たちの戦国～』（2011年）の主要な舞台になったが、同時代の有名武将を扱えば、たとえ主要舞台にならずとも間接的に滋賀県のどこかはほぼ取り上げられたりする。大河ドラマの誘致に躍起になっている地方の自治体からすれば、うらやましくなるぐらいの好環境なのである。しかも、152頁～でも述べたように、2020年の大河ドラマは明智光秀を主人公にした『麒麟がくる』に決定している。明智光秀の後半生の本拠地といえば、大津にあった坂本城。大津は2020年の本放送に向け、おそらくさまざまな仕掛けを打ってくるだろう。

その大津より、滋賀県内ではるかに大河慣れしてるであろう街が彦根である。先の『江〜姫たちの戦国〜』にも彦根城は出てくるが、何といっても大河第１作『花の生涯』（１９６３年）の主人公は、彦根藩主にして幕府大老の井伊直弼だった。彦根城のそばには井伊直弼の銅像や開国記念館とともに花の生涯記念碑も建っているが、記念すべき大河１作目が井伊のストーリーというのは、プライドの高い彦根民にして自慢の種でもある。そしてその井伊を再び主人公に据えた作品が２０１７年に放送された。『おんな城主 直虎』だ。

ここでそのあらすじは細かく説明しないが、ざっくりいうと滅亡しかけていた井伊家の再興話で、ドラマを見た限り、前半は井伊直虎、後半は井伊直政にスポットライトが当たっている。柴咲コウが演じる直虎はとても凛々しくて良かったが（ドロドロ展開もね）、菅田将暉のはつらつとした若武者ぶりの直政もなかなかのハマリ役だった。

まあそれはいいとして、この作品、主要舞台は井伊家のルーツであり、本貫地でもあった井伊谷のある浜松。彦根は井伊とは切っても切れないゆかりの地だが、ストーリー自体にほぼ関係がない。だが、井伊がメインの話で彦根抜きというのは、彦根にすればあり得ない話ではある。というわけで彦根は、放送前から「直虎プロジェクト」を推進し、あの手この手でＰＲしていた浜松との観光連携を取り付けた。彦根も２０１７年の「彦根城築城４１０年祭」に合わせて『井伊家十四代と直虎』という書籍を発行していた。まあ４１０年という中途半端な記念年を考えても、彦根が大河に合わせて確信犯的に準備してきたのは疑いようがない（笑）。

大河好きの歴史ファンは後日談も大好き

彦根が『おんな城主 直虎』に期待したのは、地元への経済効果である。そのため、ドラマを見て井伊直政や井伊家ゆかりの土地に興味を持った人たちをどんどん彦根に呼び込みたい。

大河好きな歴史ファンというのは、ドラマのストーリーを追うだけでは満足しないものだ。『おんな城主 直虎』でいうなら、ルーツの井伊谷からはじまり、遠江に侵攻してきた駿河の今川、甲斐の武田、そして三河の徳川との絡みと続き、直虎は徳川が天下を統一する前に死去するものの、直政は徳川になくてはならない家臣に成長を遂げる。と、ここまでがドラマのストーリーだが、ファンは直政の後日談を知りたい、追いかけたいとも考える。その後の直政は高崎藩の藩主となり、佐和山藩を経て彦根藩の藩主（藩祖）となる。直政は関ヶ原で受けた傷が悪化し、彦根城築城を見ることなくこの世を去るが、その直政そして直虎の意志を継ぎ、井伊は再び落ちぶれることなく、江戸期を通して彦根の地を治めた。こうしたストーリーを完結させるため、ファンは浜松から彦根へと歩を進め（コアなファンは今川館のあった静岡や、直政が築いた高崎城のある高崎まで行ったりするが）、それぞれの龍潭寺（井伊の菩提寺）を参拝したりするのである。

大河効果はあったが思ったほどではなかった理由

2018年に浜松が発表した『おんな城主 直虎』による静岡県内への経済

効果は約248億円。浜松単独では207億円で、関連施設の入場者はいずれも当初目標を超え、全体的に好調だった。

彦根は、2017年の観光（大河とのタイアップも含めた彦根城築城410年祭）による経済効果を発表しているが、その額は年間約362億円と、浜松よりかなりスケールが大きい。ただ、彦根と浜松では大河への特化度や計算方法の違いもあるだろうから、金額の大小を比較するのはあまり意味がない。しかも、彦根のこの額は大きいように見えて、実は期待ほどではなかったのも事実である。

彦根では2007年に彦根城築城400年祭を行っているが、そのときと比べて経済効果は130億円ほど減少している。しかも彦根城のある城山公園の入場者数は約84万人で、2011年以来の80万人超えを果たした格好だが、2007年の約88万人や当初目標としていた90万人超えは達成できなかった。観光客数は2016年から約13万人増加したものの、大河ドラマや記念行事があったにしては物足りない結果といえる。

観光客が多く経済効果が大きかった2007年は、400年祭ということで大々的なＰＲを行っている。各種工夫を凝らしたイベントも開催され、今や全国区の人気となったゆるキャラ「ひこにゃん」も誕生した。実はこの20年前にも「築城３８０年、彦根市政50周年」ということで、世界古城博覧会が開催されたり、彦根城博物館がオープンするなどして、多くの人出があったという。これらふたつの年に共通しているのは、用意周到に準備がなされ、目玉になるイベントや施設の開館等があったことで、こうした要素が２０１７年には不足していたと言わざるを得ない。準備期間も含めて取り組みが短期的過ぎたのであろう。彦根にすれば、これまでの経験から「○○年祭」は計算できる「切り札」的なイベントと確信していたはずだ。そして大河と組み合わせることで、何匹目かのどじょうを狙ったのだろう。ただ、切り札は「ここぞ」という場面（年）に使うからこそ、爆発的な効果が期待できるのだ。

大河にあやかって観光誘致を仕掛けても、強引すぎる仕掛けやＰＲ戦略は、たとえ大河（直虎）の大ファンであってもシラけるだけである。

彦根城築城400年祭で誕生し、全国区のキャラクターとなった人気者・ひこにゃんが観光客をお出迎えする

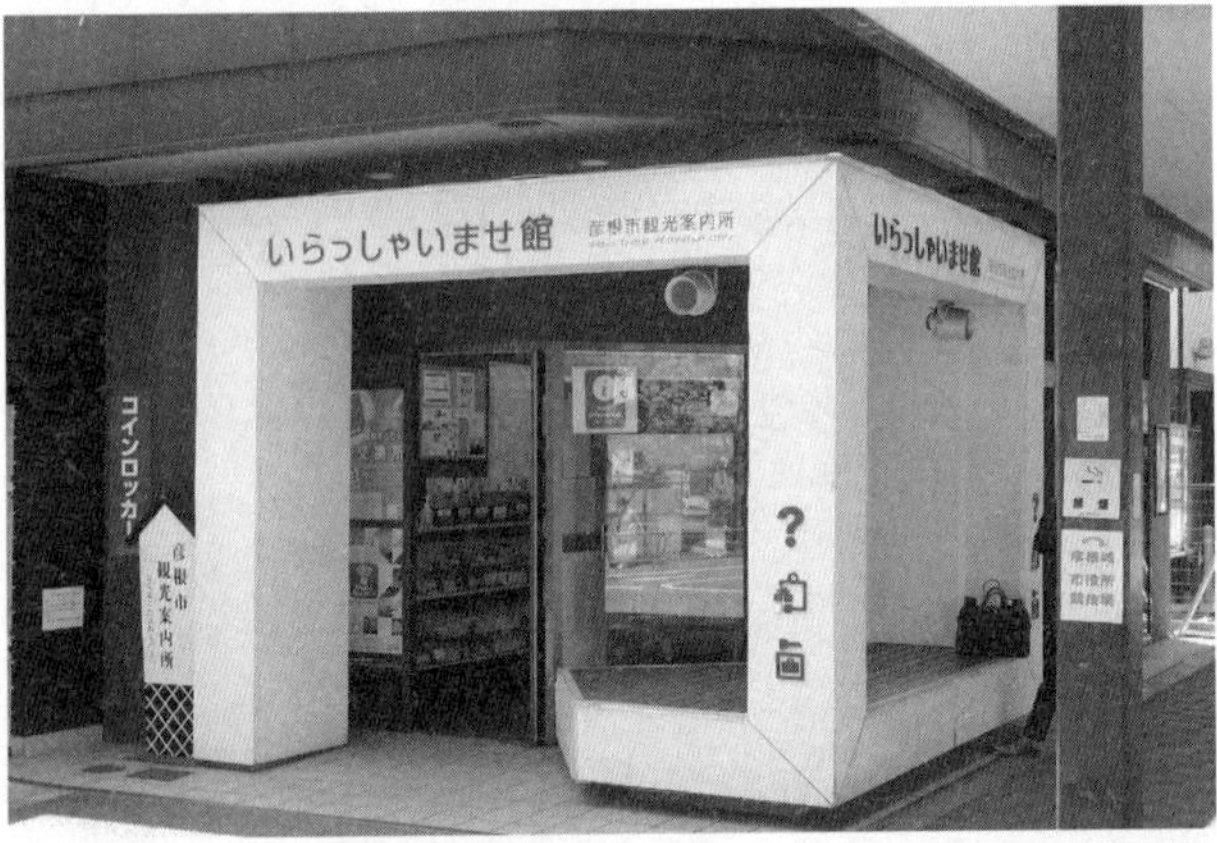

彦根駅前にある観光案内所。観光は城頼みの彦根だが、街の散策が楽しくなるよう工夫も行っているという

観光都市化している近江八幡の本心

近江八幡駅周辺より八幡山の麓が中心地

八幡（地元じゃこう呼ぶ）の殿様といえば、安土の織田信長ではなく豊臣秀次である。悲運な最期を遂げた豊臣秀次は凡将とされているが、調べてみると素行に多少問題はあったものの、武将・為政者として有能であり、その秀次が八幡山城を築いて治めた城下には商工業がよく発展し、江戸期に八幡商人が活躍する基礎を築いた。八幡山の麓に広がっている旧市街地は碁盤の目上に整備され、駅から八幡山まで歩くと、名門の八商に八幡商人の本宅だった家々、そして八幡商人発祥神社といわれる日牟禮八幡宮と、「八幡エキス」がかなり濃厚だ。八幡の中心は、巨大イオンと平和堂がある近江八幡駅前ではなく、この

近江八幡市の観光スポット

八幡堀	八幡山城跡
近江商人の街並み	安土城跡
かわらミュージアム	観音寺城跡
日牟禮八幡宮	沙沙貴神社
長命寺	ヴォーリズ記念館
教林坊	ボーダレス・アートミュージアム NO-MA
賀茂神社	ラ コリーナ近江八幡

※各種資料より作成

あたりだとすぐに察しがつく。

近江八幡駅から八幡山の麓付近まではけっこう距離があったので、そこのところを地元民に話を聞いてみると、

「地元では煙が心配で鉄道（当時はＳＬ）敷設に猛反対したんですわ。今思うと、この街並みは財産やし、鉄道が通らなくてほんま良かったなあ」

といっていた。伝統を重んじる城下町というのは、鉄道の煙で景観が損なわれる、火災が起こる、ヨソ者の流入で風紀が乱れるなどの理由で、鉄道忌避伝説が生まれるもの。実際は列車の走りやすさと合理性を考えて、あえて市街地を通さず、能登川・安土方面から大津までなる

べく直線的な最短ルートを取ったのが真相のようである。だが、この鉄道忌避伝説を信じる八幡の地元民には、歴史が詰まった城下町を守ったというプライドがヒシヒシと感じられる。まあ、武佐に新幹線新駅が仮にできていたら、今のこの余裕があったかどうかはわからないけどね。

観光力アップには安土との連携が必須

近江八幡（安土もあるのでやっぱりこうしとこう）の産業は、沖島があったりして漁業も意外に盛んなのだが、主産業はやはり第3次産業（さすが商人の街！）、中でも観光がその目玉だ。

近江八幡の延べ観光入込客数は、日帰り・宿泊客を合わせて約300万人（2013年度）。安土町と合併する直前の2009年は約256万人だったから、信長も近江八幡の観光客増加に一役買った？　ちなみに合併以前の2006～2007年にも約300万人の観光客数はあったが、これは当時の大河ドラマ『功名が辻』の影響で客足が伸びたせいと思われる。

しかし、大抵の観光客が訪れる場所は、日牟禮八幡宮と八幡堀の界隈。こちらはドブ川のようだった八幡堀を甦らせた「八幡堀を守る会」の功績が見逃せず、時代劇のロケ地にもたびたび使われ、平日にもかかわらず多くの観光客が散策を楽しんでいる。お土産屋のオヤジも八幡堀の風景が自慢で「そこの風景は観とかな！」と、指示が妙に荒っぽいのが、いかにも八幡民っぽくて良かった。

ただ観光で残念なのは、安土山（安土城）や観音寺城の調査や整備が行き届いていないこと。寺など現地の地権者との兼ね合いはあるが、インフラや各種施設が整えられ、仮に新たな史跡調査によって戦国期の遺物を新発見！　となれば歴史ファンがこぞってやってくるに違いない。でも、ヨソ者の来訪を安土民は快く思っていないフシもあって難儀な問題だ。

なんにせよ、観光産業を伸ばしたいなら八幡と安土の連携は必須。合併のしがらみより、もっとソロバンを弾きましょうよ。

※　※　※

関西では京都、大阪、兵庫に観光客数で敵わない滋賀だが、それらが国内外から広く観光客を集める府県なのに対し、滋賀はどちらかといえば県内と周辺府県から多くの観光客を集める、関西の「チョイ旅」スポット。その代表的な街のひとつが近江八幡で、近年、大きな注目を浴びている施設が「ラ コリーナ近江八幡」である。同施設は、老舗和菓子店のたねややバームクーヘンで有名な洋菓子店クラブハリエを展開するたねやグループのフラッグシップ店で、年間のべ観光客数（２０１７年）は約２１３万人と、県内の主要観光スポット1位。伝統を踏まえながら現代にあった味にマイナーチェンジされた菓子と建物の雰囲気が人気のようで、売り上げは２００億円を超えるという。

近江八幡の知名度アップや観光客増に大きく貢献しているラ コリーナ近江八幡だが、運営するたねやグループのＣＥＯ（近江八幡出身）は貧困・飢餓の解消、自然保護、近江八幡のまちづくりなど地域活性化事業にも積極的に動いているそうだ。近江八幡は今後、「行ってみたい街」だけではなく、「暮らしたい街」として発展する可能性を大いに秘めている。

近江商人の歴史を伝える昔ながらの街並みや八幡堀周辺の散策も人気の近江八幡。堀の周辺はよく時代劇ロケに使われる

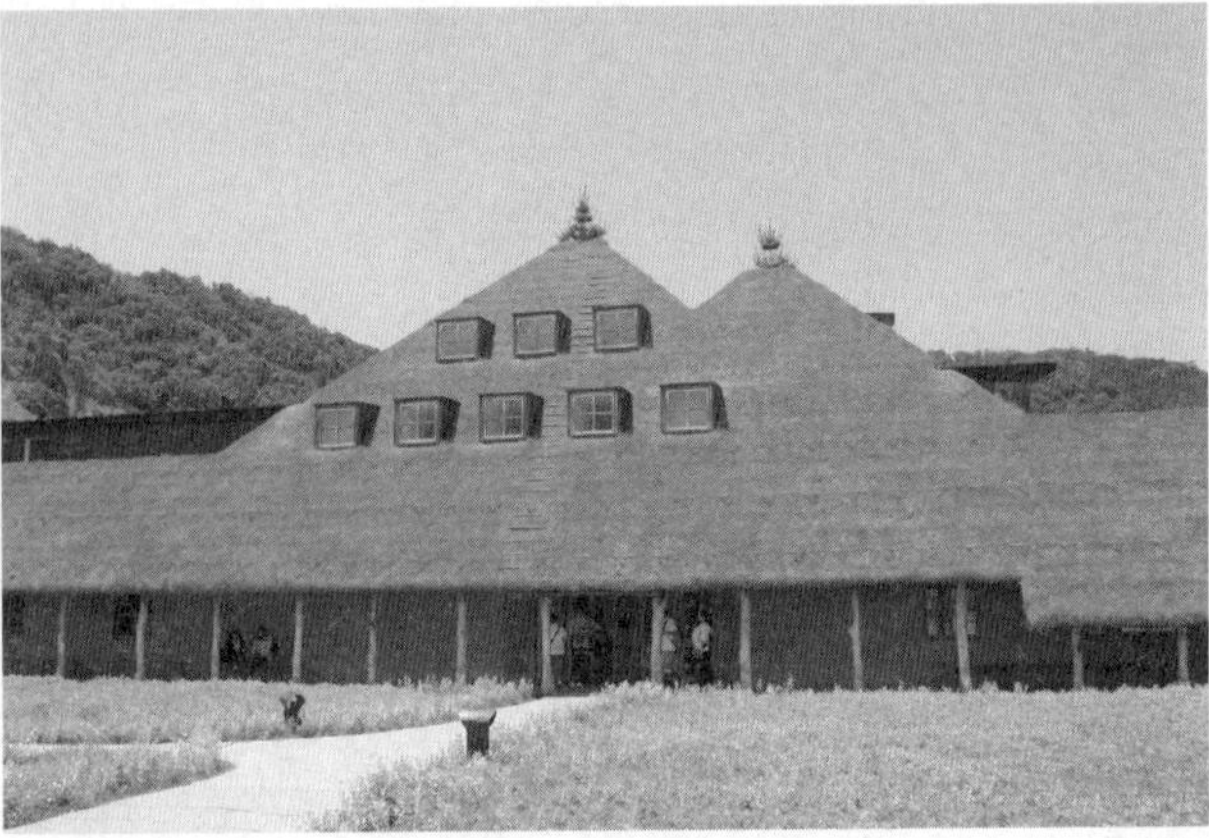

今、滋賀県内でもっとも人気のある観光スポットがラ コリーナ近江八幡。古い街並みと双方を巡るという人もけっこう多い

肥大化してできた東近江の合併後遺症

八日市とほかとの格差がひどすぎ

今回合併について取材した中で、地元民に一番評判が悪かったのが東近江だ。合併前後の変化を聞いてみると、広大な市域の縁辺地域に（オマケ程度に）取り込まれた町村の人たちは、揃いも揃ってためらうことなく「失敗した」という。中には、「住民サービスの質が低下した。合併しなきゃよかったとみんな言ってる」という人もいた。「みんな言ってる」なんて、全国各地で取材してきて、初めて聞いた言葉である。定年退職する市の職員がいても予算削減により新規雇用はせず、インフラ整備も市街地が優先され山の中は放置されっぱなし。これらは東近江が抱える合併後遺症に他ならない。合併後遺症に苦しむ自治体はどこも同じような状況だが、住民の不満が溜まりにたまった東近江はかなり深刻だ。

垢抜けた八日市駅前の開け具合と、田園地帯&山村風景が続く市内の他エリアとを見比べれば、そりゃ怒りたくもなるだろう。並木通りに並ぶ立派な官庁街は、中核市（人口30万人規模の街）のそれに引けをとらない。湖岸から離れるほど田舎臭くなる滋賀にあって、内陸でもここまで開けている旧八日市の中心部はちょっと異例だ。まさに、八日市の一人勝ち、である。

東近江では、2005年2月に5市町で合併した際、各市町にあった図書館の図書費が5分の1以下に削減されそうになるも、職員たちが新刊本の重要性を必死に説いたおかげで、大幅減額を免れた経緯がある。この事実をよーく心に刻んで、続きを読んでほしい。

住民に必要なものも行政にとっては…？

平成の大合併を経て、全国では自治体の数が半分にまで減った。そのいきさつをつぶさに見ていくと、抱えている事情は様々あれど、少子高齢化や税収減など先行きの不安に対応するため、合併特例債という国からの「アメ」がもらえることを言い訳に市町村合併するケースも多い。そして挙げ句には、住民サービスはばっさり切り捨て、一方では「アメ」を使い切るために無用なハコモノを慌ててつくり始めたりする。そもそも市町村合併は行政のスリム化を目指してのもの。予算だってムダと思ったものから削っていく。そこで先ほどの図書費の話に立ち返ると、それっていくつもある図書館や、あちこちの図書館で同じ本を買うのはムダ、と行政が宣言していることなんじゃないかと思うのだ。注視している市民が少ないのをいいことに、裏でコッソリ進めるなんて、まるで時代劇の悪代官だ。

さらに、赤字続きの市立能登川病院は民間譲渡を視野に、市では現在も検討が重ねられている。話の行方次第では、医師不足に加えて赤字補填が市の財政を圧迫し、一度は市立病院閉鎖という事態に追い込まれた、千葉県銚子市と同じ轍を踏むことになりそうだ。地域医療の担い手が、行政の都合で「ハイ、やめた！」では、住民はたまったもんじゃない。

現・東近江市役所（旧八日市市役所）は規模がデカくて立派。シャレた新館は左隣に建てられた

他方で、市庁舎はキンピカの新館が完成し2014年5月7日から業務が始まっている。新館建設の総事業費は12億8777万円。合併後の市勢に合わせて庁舎を拡張しなきゃいけないし、本館の耐震化工事も必要だから、ということでエイヤ！　とつくっちゃったんだろうなぁ、きっと。

これらを見る限り、住民の利益なんてひとつもなっちゃいない。いっそ時代に逆行して、クリミアみたいに分離独立を訴える旧町があってもいいんじゃないか、とさえ思う。武装蜂起せよ！　なんて煽るつもりは毛頭ないけど。

※　※　※

2018年春、東近江市の名前がマスコミを賑わした。この前年、ももいろクローバーZ（以下：ももクロ）のライブ開催地に東近江が選ばれていた。東近江も街おこしの切り札にと名乗りをあげたわけだから気合の入れようもハンパではなかった。しかし、2018年4月の本番に向け、さまざまな仕掛け（ゲリラライブや地元商品とのコラボなど）と共に地元民を巻き込みながら盛り上がってきた直前、マスコミで取り上げられたのが近江鉄道問題だった。会場の最寄り駅の大学前駅は普段は無人駅で、2日間で3万人と見込まれるモノノフ（ももクロファン）をすべてさばくことはできないと報道されたのだ。しかしそれは誤った報道で、関係者によれば、当日は電車の増便や駅職員の増員の他、シャトルバスの運行などで対応できるとし、実際に大きな混乱もなくライブは成功。ゴミや騒音問題もなく、すべて計画通りに進んだのは市職員やスタッフが、この壮大な街おこし計画に綿密かつ全力に当たった結果だろう。

ももクロで市のやる気と努力は見えた。ただこれを一過性とせず、今後の街おこしにも活かしていただきたい。そう市民は思っているはずである。

野洲はホントに「おいで野洲」の街か？

知名度あって便利なのに人口が増えていかない！

　生徒を増やしたい私立高校が知名度を手っ取り早く上げるのに使う手が、運動部を強化することである。人気スポーツであればその効果はより絶大となる。野洲市にある野洲高校は公立高だが、２００６年に高校サッカー界の頂点に立ち、その名を全国に轟かせた。しかもそれだけにとどまらず、「野洲」という地名を全国区に押し上げたのだ。それまで地味な滋賀の中でもさらに馴染みがなかった野洲は、サッカーとセットで広く知られるようになった。

　しかし、スポーツ有名校がその知名度によって生徒を増やすように、有名になった野洲（高校のことじゃないですよ）の人口が伸びているかといったら、実際はそうでもない。野洲は２００４年に市制が施行されたが、翌２００５年市の人口は４万９７０１人（国勢調査）。５年後の２０１０年は５万４００８人（国勢調査）。そして２０１４年５月１日時点の人口は５万８３６人（市の統計データ）。調査の違いで誤差は多少あるだろうが、微増程度でほとんど増えていないことがわかる。

これは意外だ。知名度アップはオマケだったとしても、野洲には京阪へのアクセス力に優れているという強みがある。琵琶湖線の運行形態は普通と新快速が中心だが、平日朝には米原から京阪方面へと向かう普通電車が野洲で新快速に切り替えられたり、車両車庫があるので野洲駅発着という始発・終着電車も多い。新快速を使えば京都まで約26分。大阪まで約55分。今や彦根までは京阪の通勤圏といわれるが、利便性を考えれば野洲を東限と見る人もいる（当駅始発が多いから座って通勤できるメリットもあるしね）。同じ新快速停車駅にして、野洲とそれほど離れていない草津や守山が急激に人口を増やしているのに、野洲はどうしたことか⁉

「おいで野洲」はまだまだこれから

野洲が移住希望者に人気がないのは（候補地には入れるようだが）、ベッドタウンとして魅力がないからだ。とにかく駅周辺が寂しい。車移動メインの地元民にすれば、駅周辺なんてどうでもいいかもしれない。だが、できるだけ駅近に住みたい通勤サラリーマンにすれば、あの寂しさは移住を躊躇させるし、そもそもこれまでまともに開発されてこなかったから(地権者の影響力大)、住宅自体の供給量も絶対的に不足している。

北口には京セラがドーンと陣取るが繁華街はなく、やや離れた場所にディスターモール野洲（商業施設）があるくらい。さらに問題なのは南口だが、これにはちょいと事情がある。1983年に当時の野洲町が、駅前の土地1・5ヘクタールを持っていた日本麦芽工業から土地を買い取る合意書を結んだ。しかし、同社を買収したアサヒビールが自社開発の方針を打ち出して合意書が白紙に。しかし話が再び一転、1989年に野洲町とアサヒビールが共同でその土地を開発する協定を締結する。ところが協議は一向に進まず、2005年に協定が解除された。

一部の土地は民間に売却され、残る土地は放置されたまま。結局、アサヒビールから売却したいという要望が市にあり、渋々その土地を12億5000万円という高値で買い取った。市はここに、広場、コミュニティセンター、市民ホール、図書館分室、病院、商業サービスという6つの機能を持った施設（ハコモノですな）の建設を進めていく予定だ。

駅周辺が賑やかになるのはけっこうな話だが、自治体主導の巨大な複合施設が本当に必要なのか？「おいで野洲」の野洲が流入民を増やしたいのなら、もっとファミリー（子育て世代）向けの環境づくりやインフラ整備が必要だろう。ママたちのわがままも「お野洲い御用」と聞いてくれる街のほうがいいんじゃないかい？

とりあえず、もともと何も無かったわけだから、今後大きく野洲が発展する素地は十分。でも「野洲っぽい街」ならいいけど「安っぽい街」にはなって欲しくないものだ。

※　※　※

野洲市が計画し、2013年頃から本格的に検討が進められてきた「野洲駅南口周辺整備事業」。2021年までに約3・2ヘクタールの広大な敷地にさまざまな施設が建設されるというのだが、完成形が今ひとつ見えてこない（その行く末がもっとも気になるのは駅前に大型マンションを建設したデベロッパーかもね）。これまで賛否両論あって二転三転している市民病院の建設も、一応進める方向のようだが、果たして？

駅前再開発が混迷する中、野洲は2018年6月、滋賀大学とまちづくりの包括的連携協定を結んだ。京阪とのアクセスがよい野洲では、企業から立地の相談を受けることが多く、企業がどんな理由で進出を希望するのか、滋賀大に企業の意向データ分析を依頼して条件整備などに取り組み、立地の促進に生かしたいという。

大手企業の立地によって発展してきた野洲だけに、企業誘致に力を入れたいのはわかるが、滋賀大にはまちづくりに関する市民の意向も分析してもらえばいいのになあ。

野洲の京セラ事業所は、太陽電池セルの生産拠点にして、同グループの工場でも最大級

大きな人口増減が見られない野洲だが、今後多くの移住民を「おいで野洲」としたいところ

日野商人の伝統息づく日野がただいま絶賛迷走中!?

日野商人は地元の誇りじゃないのか!?

平成の大合併で、日野町の迷走っぷりは際立っていた。1市3町（八日市市・永源寺町・蒲生町・日野町）、2市5町（近江八幡市・八日市市・永源寺町・愛東町・湖東町・蒲生町・日野町）、2町（日野町・蒲生町）と枠組みを変えながら合併に突き進む町長に対し、住民からは合併の是非を問う住民投票条例が請求されるも議会で2度も否決。ついには町長のリコールに発展した（直前に町長は辞職）。町長選では合併推進の現職と、合併白紙化を訴える新人が争い、新人候補が勝利したという経緯がある。全国で繰り広げられた合併にまつわる悲喜こもごもの中でも、日野のドタバタはかなり香ばしい。

蒲生との合併を住民が受け入れられなかった理由のひとつは、日野を残したい思いが強く「蒲生市」という新市名が受け入れられなかったから、と聞く。日野民にとって「日野」の消滅は、住民の誇り・日野商人のルーツが消えてなくなることと同じ。町名存続の瀬戸際に立たされ、是が非でも合併は阻止せねばならなかった。

そこまで思い入れが強いなら、さぞや日野商人をプッシュしているはず。と思いきや、これがどうもビミョーな感じなのだ。近江商人は日野のほか東近江、近江八幡が発祥の地とされている。この3都市の観光協会に近江鉄道が加わって「近江商人ゆかりの町連絡会」を結成し、パンフレットやホームページでさりげなく宣伝はしている。でも、それ以上のことをしている気配がまったく感じられない。「住民の誇り」という割には、ずいぶんおざなりな扱いじゃないか。3都市はいずれも湖東地区の街。近江商人という現代に連なる歴史遺産を共有する街として、観光面での積極的な連携も可能だと思うんだけど、そういう気の利いたことはしないようだ。町では商人町のたたずまいを残そうと必死なようだが、「最近では日野商人のことを話題にする人は年寄り連中でさえ皆無に等しい」なんて話を聞くと住民は観光的な価値をあまり見出せていないようだ。

観光どころかインフラ整備すらおざなり

では、日野民の関心はどこに向けられているのだろうか？

駅前の観光案内所で聞いたところ、あっさりわかってしまった。「日野商人より氏郷さんのほうに力入れてはると思いますよ」。えっ、日野の推しメンは日野商人じゃなくて蒲生氏郷!?　よく見れば、日野駅の真向かいに「蒲生氏郷公を大河ドラマに」なんて看板まで立てている。「ようこそ　近江日野商人と花の街　日野へ」という標語めいた看板に目を奪われていたけど、本音は「観光の起爆剤として大河ドラマに氏郷公をねじ込みたい！」のだ。確かに、日野商人のキャッチフレーズじゃ観光には結び付けにくい。手っ取り早く日野をアピールするには、氏郷推しが近道だろう。だったら日野の町名にこだわらず、「蒲生市」でもよかったんじゃないの？

ならば、観光に本腰を入れているかというと、これがどーも生ぬるい。さっき書いた近江商人のパンフレットとか、「日野まちなか散策まっぷ」を作っている程度で、「観光都市」の必死さはイマイチ感じられない。駅前の観光案内所だって、ハイシーズンの桜の開花時期から日野祭の頃には1日400人も観光客が来るみたいだけど、普段はいいとこ10人程度とか。そもそも、最大のウリが歴史情緒漂う商人町の街並みなのに、プッシュしたいのは蒲生氏郷って、なんかチグハグじゃないか？　取材に行ったときは、ちょうど桜が満開を迎えていた。なのに駅前の目抜き通りを歩く人の姿は、ほとんどなかった。

日野の中心エリアは国道にもかかわらず街灯がないところがある。これでは夜の一人歩きもままならない（まぁ、車ありきのまちづくりなんだろうけど）。日野商人も氏郷公も結構だけど、その前に基本的なインフラ整備が先。住民に喜ばれることが、「三方よし」への近道だってこと、わかるでしょ？　一体日野の迷走はいつまで続くのやら……。

※　※　※

地元の歴史、文化、伝統に則した定番（保守的？）のコンテンツで街をPRをしてきた日野だが、近年はもう一歩踏み込んだ街おこしも見られる。そのひとつが「日野ひなまつり紀行」だ。日野は歴史ある商人街で、今も旧家が数多く残り、昔のままのひな人形がそのまま保存されている家も多い。そこでそのひな人形を街おこしで活用できないかとスタートした。毎年2月中旬から開催され、期間中は道路沿いの旧家の縁側にひな人形が飾られ、歴史ある街並みを散策しながら古く貴重なひな人形を鑑賞することができる。日野は娯楽こそ少ないが、ゆっくりと時間が流れる落ち着いた街で、年配者の夫婦が散策するにはうってつけ。街のイメージやターゲット的にぴったりのイベントだろう。

もうひとつが毎年夏に開催されている「わたむきお化け屋敷」。日野町内の「わたむきホール虹」の職員らが手作りで設置するこのお化け屋敷は、そのクオリティーの高さからファンの間で「関西最恐」とも称されるほど。1回限りの企画だったが、好評のため10年も続き、今や町の名物行事となった。しかし、お化け役を務める青年会会員が減少し、継続するのは困難ということで、2018年夏をもって一旦活動を終了するという。

お化け屋敷の件は残念だが、さすがは商人の街、今後も面白い企画を立てて、多くの「お客はん」を呼ぶことだろう。

財政潤う(?)竜王のひとり勝ち状態はいつまで続く?

実は意外と苦しかった台所事情

ダイハツの企業城下町として全国に知られる竜王町。財政力指数ランキングでは、全国でも常に上位に名を連ねている〝常勝〟のイメージが強い。ところが、近年は財政事情が大きく傾いているという。筆者にとっては実に意外な話だった。

2010年3月13日付けの滋賀報知新聞では、「財政悪化　竜王町が非常事態」というセンセーショナルな見出しとともに、厳しい台所事情を伝えている。それによると、法人町民税の大幅な落ち込みにより財政が悪化。3日間に渡って町内で住民説明会を開き、町民にも財政健全化に向けた協力をお願いしたと

滋賀県市町の財政力指数ランキング

順位	自治体	財政力指数
1	竜王町	0.99
2	栗東市	0.98
3	草津市	0.93
4	湖南市	0.85
4	守山市	0.85
6	野洲市	0.83
7	大津市	0.81
8	彦根市	0.78
9	甲賀市	0.71
10	多賀町	0.69

※総務省の「平成28年度地方公共団体の主要財政指標一覧」参照

いう。ここに至った理由については、所得制限を設けず町民に助成してきた福祉関連の費用や、これまで行ってきた公共施設の整備で公債費も膨らんでしまったこと、などを指摘している。そして、通学・通園バスの使用料や保育料の見直し、公共施設の使用料減免規則の廃止など、住民への負担をお願いする一方で、町職員や議員の人件費を大幅にカットし、また267もの事業を見直すことで、ギリギリまで予算削減を行ったという。

これが普通交付税不交付団体の実情だというのだから驚きだ。

手厚い住民福祉は、財政的に豊かな町が住民に利益を還元している証だから、当たり前のことだし納得もできる。でも、金があるからつくっちゃえ！　みたいなノリでハコモノやインフラをバンバン整備してきて（一時期の日本は、こういうノリが結構ありましたね）、歳入が落ち込んだ途端、債務が重荷だからサービスをカットします、というのでは住民も怒るだろう。好意的にみても、放漫経営のそしりは免れない。ところが、住民説明会で怒号が飛び交う場面は、ぜ〜んぜんなかったそうだ（竜王民はほんとお人好し）。

町の命運を握る工業団地整備費も大幅カット

それから4年が経ち、アベノミクス効果で景気が急速に回復したとされる昨今、竜王はどうなっているのだろうか。町役場を訪れてみると、エントランスには創業40周年を記念してダイハツから寄贈されたピッカピカの車が置かれていたものの、それとは対照的に市庁舎はドンヨリと薄暗い。というか覇気がない。町内をしばらく車で流してみると、企業城下町らしく「ダイハツ車愛用の輪を広げる郷・山之上」なんて看板も見かけた。だが、その割りに走っている車や駐車場に停めている車は、トヨタ車が目立つ。よくよく見れば、マツダも多い。群馬の太田市（スバルの企業城下町）とかだと、見かける車の半分近くはスバル車なのに。

これらが町の財政が傾いたことと関係しているのか、真相をつかむには至らなかった。ただ、2014年度の町の予算編成方針を見てみると、アベノミクスに沸いている様子は微塵もない。2012年度に大幅税収増に転じ普通交付税や臨時財政対策債がゼロになってしまった一方で、異常気象もあって防災関連予算も必要になるし、消費税増税でコストは増えるのに経済見通しは不透明だから、やっぱり財政の引き締めは必要として、一般会計予算を2・4パーセント減に抑えている。この中には、滋賀竜王工業団地整備事業の見直しも含まれている。

滋賀竜王工業団地は、竜王インターチェンジの南、祖父川と国道477号に囲まれた一帯に、県の土地開発公社が整備を進めており、2015年度より7

区画、30・2ヘクタールの敷地が分譲される。これに合わせて町は、多機能グラウンドや国道477号の歩道設置、さらに工業団地へのアクセスのための町道の整備を、一体的に進めている。法人町民税の減収著しい行政にとって、今後の町政に関わる重要なプロジェクトだ。それでもなおかつ歳出見直しのメスを入れた英断には拍手を送ろう。ただ、前年度に計上した予算約15億円に対して、2014年度は10億円を割り込むところまで削減している。3分の1の予算カットとなると、いささか工事の進捗に影響はないかと、他人事ながら心配になってしまうのだ。当地は竜王町随一の集客施設・三井アウトレットパーク滋賀竜王と名神高速を挟んで反対側、というロケーションである。道路や歩道を整備する町が、工事に遅れが出たり計画の見直しを行えば、交通渋滞や歩行者の安全に対する懸念は高まることにもなるだろう。

仮に工事が滞りなく終わったとしても、交通渋滞に関しての不安は拭いきれない。三井アウトレットパーク滋賀竜王は、京阪神、福井、さらには名古屋や三重までもが商圏となっている。週末ともなれば広域から膨大な車が押し寄せる。蒲生スマートインターチェンジからもアクセス可能だが、多くは竜王イン

竜王町も財政が厳しさを増せば、住民の目も厳しくなる。町政運営の手腕が試される時がきた

ターを使うだろう。こうしてできる渋滞の波に、工業団地を出入りする物流関係の大型車両も飲み込まれることになる。工場は休日も操業するところが多いだけに、これは大きなマイナスになりかねない。

こうしてみると、竜王の先行きはにわかに暗雲が垂れ込めている。当面は、工業団地の成否の行方を見守るほかはなさそうだ。

※　※　※

地方交付税の不交付団体という豊かな懐事情を背景に、そのぶんを町民に反映してきたのだから、いざ財政がピンチといわれて住民への還元が少なくなるというのは町政の舵取りミスではある。だが、それでも竜王町の財政力指数は０・９９（２０１７年の総務省の統計）と、いまだに滋賀県でナンバーワン。なんだかんだいって自治体としての「ファンダメンタルズ（経済状態）」は悪くない。ダイハツ工業滋賀工場からの法人税収が増え、２０１８年には４年ぶりに不交付団体に復帰したわけだし。

ただ、２０１０年まで微増していた人口が徐々に減少しているのは気がかりだし、高齢化率も約26パーセントと上昇。これは県平均よりやや高く、そこまで深刻ではないが、将来的に不安のある数値。そして高齢化が進むと大きな問題が発生する。竜王は滋賀県内の自治体で唯一駅が無い上に、バス路線も貧弱と公共交通が滅法弱いのだ。車があれば交通の結節点の名神高速道路の竜王インターがあるので移動の不便はないが、このまま高齢化が進めば、免許返納した多くの高齢者が一気に交通弱者となってしまう。さらに、それは無理だとして高齢者が運転を続ければ事故が頻発する危険性もある。せっかく不交付団体に復帰したのだから、喫緊の課題として公共交通網の整備にちゃんと金を使ってもらいたい。

滋賀県コラム 6

廃線危機の近江鉄道

近江鉄道は明治期に開業した我が国でもっとも古い私鉄路線のひとつだ。もともと彦根藩士と近江商人の立案によって設立されたバリバリの地元鉄道会社だったが、現在は西武グループの子会社になっている。その走行ルートは東海道本線や草津線といったJR路線をつなぐように湖東地域の穀倉地帯を縦断する。ローカル線ならではのバラエティに富んだ中古車両は味わい深く、車窓からは牧歌的な風情も感じられ、乗っていると何だか懐かしい気分になる。

地元では近江鉄道を「ガチャコン」「ガチャ」という愛称で呼んだりする。この愛称はその走行音に由来するといわれるが、もともと近江鉄道は「近鉄」の略称で親しまれていた。しかし、1944年に関西で発足した近畿電気鉄道のグループ会社の略称が「近鉄」となったため、近鉄と呼べなくなった。近江鉄道の設立は1896年で、鉄道会社としては近鉄より48年も先輩なのだが、

そこは滋賀県らしく謙虚に名を譲った——というより、１９４４年に八日市鉄道を合併して「八日市線」となったことが背景にありそうだ。

さて、その近江鉄道だが、経営状況は芳しくない。明治期の開業当初も赤字に苦しんだが、多賀大社への参詣客の輸送や貨物で利益を上げていた。しかしやがて貨物が廃止され、沿線住民の足も鉄道からマイカーへとシフトして業績が悪化。１９９４年から２０１７年まで足掛け23年、黒字となった年はゼロ。それでも近江鉄道が廃線とならなかったのは、バスなどの他部門の利益で赤字を埋めてきたからである。

赤字に苦しむ近江鉄道は沿線自治体に支援

を求めてきたが、再建の目算が立たない路線に自治体も手は出しづらい。存続の方法としては、近江鉄道から鉄道部門を分離して3セク化し、線路などの鉄道施設を自治体が管理して運営を民間に任せたり、路線を彦根〜多賀大社前・近江八幡だけにして米原〜彦根と八日市〜貴生川を廃線にしてバスに代替するなど、手はありそうだが……。

2018年7月、近江鉄道の存続について、東近江市役所で開かれた県と沿線自治体の会議後、県土木交通部の管理監は「出席者全員が鉄道の存続を前提にしている」と述べた。地域公共交通活性化再生法を適用し、それに基づいた協議会を2019年度中に設置し、近江鉄道の今後のあり方についてまとめる方針だという。ひとまず急な廃線は免れたといっていいが、3セク化だったり、鉄道事業を全面継続する場合と一部路線をバスなどの代替交通にする場合のメリットを比較検討していくという。

赤字路線というのを無視して、外様が勝手に「存続して欲しい」というのも無責任なので、筆者は今後も事の成り行きを冷静に見守ろうと思う。けど身内にして親会社の西武の意向はどうなんだろう？　そこが見えないいんだよなぁ。

第7章

近江の地域格差を象徴する湖西・湖北の明と暗

テーマパーク的観光都市長浜の大躍進！

古い街並みを活かしたまちづくりのうまさに脱帽

湖北の中心都市・長浜は、観光では県の中心都市でもある。２０１２年の観光客数は大津に次いで県内2位の７１０万８５００人、同じく観光スポットでは黒壁ガラス館がトップで１７３万８０００人（ともに「平成24年滋賀県観光入込客統計調査書」／県観光交流局まとめ）。黒壁ガラス館は２０００年から実に13年連続1位を達成し、滋賀の観光スポットの代名詞となっている。

実際に歩いてみて、そのポテンシャルの高さはひしひしと感じた。メインストリートの旧北国街道は、平日午前だというのに観光客で大賑わい。黒壁スクエアを核に調和のとれた街並みは、取材を放り出して1日中歩き回りたい衝動に駆られた（お世辞抜きに）。古い街並みをウリにしている観光スポットほど、リノベーションで古めかしさを強調しすぎて鼻に付くことがよくあるんだけど、長浜にはそういった「観光地のエグみ」みたいなものがまったく感じられない。同じアーケードでも、祝町通り商店街と大手門通り商店街では趣も開け具合もまったく異なるが、そういった違いを残しているところにも逆にセンスを感じる。これはもう手放しで「ブラボー！」。もはや街というよりテーマパークだ。彦根の（いかにも作り物っぽい）四番町スクエアとは雲泥の差なのである。

街の統一感に配慮する一方、大胆な戦略にも打って出る。大手門通り商店街でひと際異彩を放っている海洋堂フィギュアミュージアム黒壁の誘致だ。歴史の街になぜフィギュア？　と思うのだが、興味津々で入ってみると数組の先客がいた。それもことごとく若い女子で、明らかに歴女とは一線を画す雰囲気を醸していた。

22年間で25倍の客を呼び込むまでに！

いまでこそ滋賀を代表する観光名所だが、昭和末期にはここも例に漏れずシャッター通りだった。瀕死の商店街を観光地化する取り組みは、中小企業庁のホームページで紹介されている。

車社会が進んだ影響で年間に訪れる客が5万人にも満たなくなった商店街を再生させるきっかけとなったのは、1900年に建造された旧百三十銀行（通称「黒壁銀行」）の建物が売却され、マンション計画が持ち上がったことだった。そこで、街のランドマークを失うことに危機感を抱いた地元企業家たちが、株式会社黒壁を設立。土地・建物を買い戻すと、当時人気があったガラス作りに注目し、黒壁スクエアをオープンした。紹介されている記事を要約するとこんな感じだが、当時は地元商店街の反応も冷ややかだったそうだ。それでも、飛躍的に客足が回復する中、シャッターを開ける店が次々現れ、現在では黒壁スクエア周辺で店を閉めているところはほとんどないという。来街者の4割がリピーター、というのも驚異的な数字だ。

ちなみに、株式会社黒壁がホームページで公表している「来街者数推移」によると、会社設立翌年の１９８９年は9万８０００人だったのが、7年目に１００万人を突破。２０１１年には２４４万人にまで伸びている。この間の増加率は約25倍。にわかには信じがたい数字だが、実際に歩いてみれば納得するだろう。

さて、ここまで商店街のことばかり書いてきたけど、実は長浜で最初に心を奪われたのは長浜タワーだ。昭和世代なら思わずときめく秘密基地っぽい建物に、遊園地を思わせる屋上のタワーと、それらにミスマッチな飲食店のテナント。にもかかわらず、長浜の街が持つ品を損なっちゃいない。こんな奇跡的なビルは日本中探してもそうそう見つからない。

はたまた、駅前の中島屋食堂のボロッちぃ建物に看板、品書き、ビミョーに建て付けが斜めってる引き戸の按排も、これまた奇跡的な組み合わせで味わい深い。こういう建築物を壊さず残すセンスこそが、長浜再生力の源だったんじゃないだろうか。唯一、ハリボテっぽい長浜城の天守閣はいただけないけどね。

２０１５年まで滋賀県内の観光スポットではトップの観光客数を誇っていた「黒壁ガラス館」だが、２０１６年に「ラ コリーナ近江八幡」に首位の座を明け渡した。といっても2位は維持しており、のべ観光客数は約１９７万人。２０１２年からさらに約24万人も観光客を増やしている。

※　※　※

また２０１４年の取材時、ＪＲ長浜駅前では古い平和堂が細々と営業していたが、２０１５年2月にオープンした平和堂の新店舗「モンデクール長浜店」が好調だという。同施設はＪＲ長浜駅とデッキで連結し、2階には滋賀県内の大抵の銘品は購入できる「おうみお土産小路」が設置され、多くの観光客が立ち寄るそうだ。さらに市名所・旧跡や古い町並みには多くの観光客が訪れるが、琵琶湖を活用した観光コースが不足していたこともあり、長浜港を利用した水陸両用バスの運行をスタートさせた。観光客には湖上から長浜城、伊吹山、竹生島などの景色を楽しめると好評を博しているという。

ユネスコの無形文化遺産に登録された長浜曳山まつりへの関心も相変わらず高い長浜。観光都市としてさらに成熟度を増した感がある。

人通りが絶えることがない黒壁スクエア付近。奥の祝町アーケードは古めかしい商店街だが味がある

ユネスコの無形文化遺産に登録された「長浜曳山まつり」について学べる曳山博物館。絢爛豪華な曳山が見られると好評のようだ

新幹線駅はあってもどエライ田舎の米原の憂い

市が巻き込まれたトンだ災難とは？

この街を覆うジリ貧な感じは、どこからきているのだろう？　新幹線駅としては開業50年を迎えるのに、駅前のとってつけたまちづくりはできたての新駅のようで、なんとも垢抜けない。しかも、新幹線の利用者はそこそこいるのに、駅前には人影がまばら。新幹線、東海道線、北陸線が乗り入れ、名神高速と北陸道のジャンクションがある交通の要衝地なのに、単なる結節点だからみ～んな素通りしてしまう。筆者自身、新幹線でも車でも何度も通っているのに、米原に訪れるのは今回の取材が初めてだった。考えてみれば、米原駅周辺にはこれといった観光スポットもない。

「米原市観光振興計画」（２０１１年３月／米原市まとめ）には、非常に興味深い資料が掲載されている。「湖北・湖東・東近江エリア来訪者の移動先相関図」というやつだ。これを見ると、湖北と湖東は隣接しているにもかかわらず、観光客の行き来がほとんどないことがわかる。両エリアの観光の中心都市、長浜と彦根の中間に位置する米原が、単なる乗換駅ではなく観光客にワンストップさせる街であれば、観光客の回遊性はもっと上がるはず。その点でも、ザンネンな街である。

交通の結節点という地の利を活かすには、観光都市よりも物流拠点都市を目指すほうが正解に近い気がする。その点で、国内最大規模を謳った物流基地「滋賀統合物流センター（ＳＩＬＣ）事業」が、計画倒れに終わったことはあまりにダメージが大きい。

この事業そのものは、統合物流センター建設にあわせ、ＪＲ貨物が米原貨物ターミナル駅を建設する、という壮大なもので、年間の貨物取扱量は少なくとも30万トンに上ると見られていた。ところが、ＳＩＬＣ事業を米原市長に焚きつけた県商工観光労働部管理監の男が２０１０年に収賄容疑で逮捕され、しかもこの男が紹介したコンサルタント会社社長も２００７年には事業から撤退（土地代金支払い不履行で計画が破綻）。ドタバタ続きの中で貨物ターミナル駅建設も立ち消えとなり、14万平方メートル超の広大な物流センター予定地が宙に浮いてしまった。踏んだり蹴ったりな上に、巨大な土地の引き取り手探しにも奔走させられた市だったが、２０１２年６月に印刷用インキ製造メーカーのサカタインクスに売却することが決まった。市としては、とりあえず土地の売却が済みホッとしていることだろう。でも、ＳＩＬＣ事業が順調に進んでいたら、市の懐具合も随分違っていただろうに。

何にもない東口は見晴らし良すぎ！

市を悩ませる問題がもうひとつある。米原駅東部土地区画整理事業だ。２０１３年の３月末、10年がかりで進められた造成工事が完了し、90区画を売り出した。いまだに買い手がつかない区画もあるようだが、中でもとくに米原駅東口周辺まちづくり事業に該当する、駅東口前の売れ残り感が凄まじい。「米原駅東口周辺まちづくり事業区域　事業用地のご案内」（２０１４年４月／米原市政策推進部都市振興課作成）をみると、現在５区画が絶賛販売中（県有地１区画は除く）。内訳は４区画が商業地、１区画は第二種住居用地となっている。単価がもっとも高いのは、駅前広場の南側の区画で９万３５００円／平方メートル。販売価格の最高値は敷地面積が一番広い駅前広場北側の５２８３．５６平方メートルの土地で、お値段なんと４億７８６９万１０００円！　一等地であることはわかるんだけど、いかんせん「米原駅前」というのがひっかかる。市もそういった事態を見越して、賃貸物件として賃料も設定しているのだが、もっとも安い第二種住居用地でも23万４０００円／月（約６２３坪）。商売を始めても、採算がとれている画が思い浮かばない。

市のお膳立てでは、「隣接する山側の丘陵地に１００区画超の住宅地を分譲中」であり、商売には困りませんよ！　ということらしい。宅地分譲中の丘陵地というのは梅ヶ原だ。２０１０年国勢調査を元に東口エリアの人口を計算すると、同じく東口前に町域がかぶる米原の人口を加えて１３５８人（５１４世帯）。ここに新たに１００世帯が加われば、最近流行りのミニスーパーやコンビニ、100円ショップ、あるいは駅直結&駅前の国道8号のロードサイドという立地を活かしてファミレス、というのもアリっちゃアリかな？　出店するのは筆者じゃないけどね。

問題はこの区画整理事業が2017年で終了するということ。それまでに残っている区画を売り切りたいというのが市の思惑だが、さてどうなることやら。

※　※　※

2018年6月に訪れた米原駅周辺の光景は、2014年当時と変わらず寂寥感がハンパない。しかし朗報はある。米原駅東口の再開発に関して、米原市と「みずほコンソーシアム（みずほ銀行や滋賀銀行などの企業共同体）」が連携して進めることが決まったのだ。駅東口を出て向かって右側のがらんとしている土地（約2・7ヘクタール）に、2021年の開業予定（2019年着工予定）で、ホテル、観光農園、商業施設、琵琶湖の魚を展示する淡水水族施設などが建設される。米原を通る鉄道や国道8号の利用者を年間40万人誘客できると試算しているそうだ。確かに初年度は目新しさがあるからそれも可能だろうが、継続できるかどうかはやはりテナントの魅力にかかっている。

新幹線駅というのに超サビしい米原駅前。ただ、これから東口で大規模な再開発が予定されている

再開発事業では痛い目ばかり見ている米原市。尻拭いに奔走してきた職員には敬意を表したい

まだまだ終わらない高島郡合併の内紛

湖西の結束力で圧政に耐え忍ぶ高島民

先日、熊本の人吉地方の小学校で特別授業を受け持っている地質学の先生が、こんなことを言っていた。「行政に有能な人間がいないから、田舎はますますダメになっていっている」。合併した市町村では、行政のスリム化を旗印に進められる職員の削減が、これに拍車をかける。いわゆる「負の連鎖」なのだが、これがまさに高島市の現状だ。

２０１３年度の市議会では、驚くべき事実が明らかになった。合併当初、職員の削減目標を10年間で１６０人としていたのに対し、高島市誕生から丸８年の２０１２年度末時点ではすでに目標を達成。なのに、２０１２年度末には40

人以上が退職をしているという。こうして、知識と経験の継承がなされないまま、人材の空洞化は加速度的に進んでいく。市長がいくら良識ある市政運営をしたところで、現場で対応するのは職員たちだ。人材がいなければ、回るものも回らなくなる。

高島郡5町1村が合併し湖西がひとつにまとまったことは、とくにゴタゴタが酷かった湖東エリアに対して地域の結束力を見せ付けたようなもの。明らかな格差に苦しむ湖西にしてみれば、「どんなもんだい！」と鼻高々だろう。2002年に発足した合併協議会は実に22回もの会合を重ね、協議の内容は逐一住民に開示された。事を急いで住民にへそを曲げられないよう、慎重の上にも慎重を期していたことがよくわかる。裏を返せば、各自治体が単独行政に有り余る危機感を持っていた、ともいえるだろう。

こうしてみんなが納得ずくで合併にこぎつけたわけだが、問題がないかといえばとてもとても……。ある市会議員は手記の中で、自治体独自のサービスの切り捨て、コミュニティバスの廃止、受益者負担に基づく施設利用料の徴収などなど、市の〝手厚〜い〟住民サービスを徹底的に告発している。辛抱強い高島民は忍の一字で耐えているんだろうけど、そこは大阪のオバちゃん化しちゃって文句タラタラでもいいんじゃないかと思う（人としては立派だけどね）。

今津への市庁舎移転はどうしてくれるんだ!?

さらに、高島にはいつ破裂するとも知れない不発弾が眠っている。合併の際に条例化された今津への市庁舎移転問題だ。

これについては2014年2月25日の毎日新聞が、「増築か、今津に新築か議論二分　福井市政、正念場へ」という見出しで、庁舎移転問題を大きく取り上げている。それによると、庁舎移転凍結を公約に当選した市長だが、住民や市議の中には今津移転論も根強く、2013年末には3000人以上の署名とともに条例の執行を求めた。こうした経緯から現在の庁舎の増築について、市長は2014年度の当初予算に盛り込むことを断念する。ただ、予算化は先送りしたものの、財源に合併特例債を充てることから年度内の決着が迫られている、ということだ。

高島郡5町1村の合併の流れ

2001年	県から合併パターンが示される
2002年	5町による高島地域合併協議会設置 住民アンケートで合併推進の意見が過半数を超える
2003年	新市名が西近江市に決定 朽木村が合併協議会に加入
2004年	新市名を西近江市から高島市に変更 合併協定書に調印
2005年	高島郡5町1村で対等合併し、高島市が発足

※※各種資料より作成

同記事は、現庁舎建設の残債が2億円もあり、新庁舎移転より現庁舎改築のほうが18億５７９０万円も安上がり、とも伝えている。コストカットのつけを散々住民に負わせて、条例執行を手形に役所を新築されたのでは、たまったもんじゃないけど、現状では、市長が土壇場で今津移転に変わり身を見せることはないだろう。

市長が英断を下せずにいる背景には、副市長が２０１４年３月末日付けで辞任した、という一件も絡んでいるのだろう。副

新旭地区にある高島市役所は現在改修中。もはや今津への市庁舎移転はないだろう

市長は今津への庁舎移転を推し進めた旧今津町長の子息。移転凍結を訴える市長と移転推進派の父親との間で、身動きがとれなくなってしまった。もちろん、副市長を選任したのは市長である。移転推進派との橋渡しとして、敢えての抜擢だったんだろうけど、見事に裏目に出てしまった。

比良おろしならぬ〝市長おろし〟の風が、市政に吹き荒れなければいいんだけど……。

※　※　※

市長の進退問題はいらぬ心配だった。2017年に任期満了による市長選があったが現市長が新人候補を一蹴。任期中には、市庁舎移転問題、ダイオキシン問題（市の環境センターが基準を超えるダイオキシンを含むごみ焼却灰を違法に搬出。市は関与した職員に計71 5万円を求償した）に端を発する住民監査請求者名簿の漏えいなど、数々の問題が浮上したが、選挙は圧勝。保守系市議をはじめとして地元有力業者の協力をとりつけている現職の強さ、いわば田舎におけるしがらみを重視した選挙の実態を垣間見た気がする。

さて、懸案の市庁舎移転問題だが、これまで市議会で何度も「高島市役所の位置を定める条例の一部を改正する条例案」が提案され、そのたび否決されてきたが、市長が再選した2017年に4回目の提案（市長側から）がなされ、ついに位置条例が改正されたのだ。現在は2019年4月の完成を目指し、市役所新館の増築と本館の改修を行っている。まあ、市役所がどこになろうが、ぶっちゃけヨソ者にとっちゃ、ある意味どうでもいいのだが、高島市民は本当にこれでいいのか？　政治家（権力者）の都合で法律は変えられる、という前例をつくってしまったのだ。数の論理で物事が決定するのが民主主義ではあるが、これでは独裁である。

ビミョーに忘れられている奥琵琶湖の現状

あれば使うけど無くても困らないサッカー場

湖畔にはマリーナやオートキャンプ場があり、海辺を思わせる別荘が並ぶ。高島北部の琵琶湖畔を見ていると、まともな水遊び場が無い大阪あたりからの客が大挙して押し寄せる、関西きっての週末レジャースポット、というイメージを強くする。でも、見てくれはいいのになぜか客がいない。釣り客はポツポツといたけど、キャンプ場はガラッガラだった。これがウィークデーならわかるんだけど、バリバリの土曜なのだから問題だ。

かといって、奥琵琶湖のレジャーが壊滅状態かというと、そうでもないらしい。２０１４年1月11日付けの日本経済新聞は、全国各地のスキー場で年末年始の利用者数が大きく伸びていることを報じている。その中では、スキー場運営会社マックアースの関西地方6つのスキー場で、前年比40パーセントの伸びを示してたことにも触れている。同社は市内で国境スノーパーク、箱館山スキー場と2つのスキー場を運営しており、これらも客足が大きく伸びたと考えるのが当然だ。

ただ、地元の民宿で話を聞くと、以前はスキー客が多かったけど、今はスポーツ合宿に来る学生が多いという。近くに今津総合運動公園がある、ということも関係しているようだ。

野球場に、サッカーなどができる多目的グラウンド、テニスコート、屋内フットサルコートと、ひと通りの人気スポーツがプレイできるこの施設。大層立派な競技場なんだけど、この上さらに芝のサッカー場2面をつくろうと、高島市は総合運動公園北側の農地を2012年9月に買収した。2・9ヘクタールの土地購入に充てられた費用は1億7229万3000円！　しかし、翌年の市長選で（市庁舎移転とともに）サッカー場建設凍結を訴える現市長が当選。サッカー場整備事業の見直しに舵が切られた。

前市長の肝いりで進められたサッカー場増設だが、はっきり言って事業がストップして正解だった。事業計画で示された「5年後のグラウンドの需要増2万人」の推計は、合理的な裏付けのない希望的観測に基づく試算、という杜撰なもの。実際、取材で今津総合運動公園を訪れたのは週末だったが、朝の9時過ぎにもかかわらず人影は見当たらなかった。毎年8月には予約が取れないほどフル稼働しているそうだが、それにしても6億円もの莫大な事業費をつぎ込んで新設するほどの需要がホントにあるの？　まずは閑散期の需要を掘り起こし、通年の稼働率を底上げしてから「増やそうか」というのが筋というものだ。

なるべく金をかけずに土地利用してください

とはいえ、すでに土地は取得済み。このまま野ざらしにもしておけまい。高島市の目論見としては、太陽光発電施設、市民農園（農村地帯の高島で?）、駐車場、多目的グラウンド、防災広場を組み合わせて活用(というか埋め草に)したい考えのようだ。活用方針については、パブリックコメントやアンケートを通じて市民の声を集め、検討が重ねられている。

ひとつアドバイスするなら（求められちゃいないけど）、市民が体を動かす目的で集まる場所なんだから、そっち系の施設で固めるほうが無難なんじゃないだろうか。アスレチック場とかボルダリング施設なんてあれば、大人も子供も一緒に楽しめるだろう。ついでにバーベキュー用のサイトもあれば、地元の農産物も堪能してもらえるし、食事も込みでアウトドア気分を満喫できる。何より、これらの施設は維持管理が楽チン（安全管理は大変だろうけど）。子供も大人も泥まみれ・汗まみれになって遊んで、青空の下でバーベキューして、帰りにプールのシャワーをお安く浴びることができれば、十分満足度は高いと思うのだが、いかがでしょ？

観光資源はあるのに活かせない奥琵琶湖・高島。幸いにして淡海の対岸には、長浜といういいお手本がある。といっても、所詮〝待ってるもの〟が違いすぎて、お手本にもならないか。

※　※　※

近頃聞いた話によると、秘かにキャンプブームが起きているそうだ。しかも、最近は男女問わずソロキャンプ（ひとりで楽しむ）がブームとのこと。フェイスブックやインスタグラムにアップする写真を撮るため、非日常であるキャンプに行くという層も一定数いるという。ソロキャンプは敷居が高そうだが、キャンプ場の中にはトイレが衛生的で、風呂があったり、用具の貸し出しもあるなど、ビギナーが楽しめる環境も整っている。「キャンプをなめている」とキャンプ玄人から批判は多いが、キャンプは基本的に誰でも楽しめるレジャーだ。

こうした情報を踏まえれば、高規格の多彩なキャンプ場が揃う奥琵琶湖エリアは、キャンプブームに乗っかるには最適の場所。秘境感＋琵琶湖畔という絶好のロケーションで、関西のキャンプの聖地になれるポテンシャルを秘めている。シンプルなキャンプができる場所から、各種設備を整えたちょっと豪華な楽々キャンプ場まで、ユーザーの選択肢を増やしてあげるのもいいかもね。

一過性のブームに乗るのはリスクも大きいが、そこはキャンプ。王道のレジャーであり、ブームが終焉しても一定数のファンも確実にいるわけだし、どうでしょうキャンプで人を呼ぶってのは？　「キャンプの聖地・奥琵琶湖」ってちょっと良くないっすか？

取材当日は天気も悪く閑散としていたマキノサニービーチ。全国的に新キャンプブームの兆しがあるのでこれからが期待!?

関西屈指の豪雪地帯だけに、市内にはなんと4カ所もスキー場がある（ここは東北か！）

滋賀県コラム 7

遠くて近い京への道・鯖街道

鯖の「足がはやい」というのは世間の常識である。鯖や鰯といった青魚は、消化酵素の働きが他の魚より強力なため、死ぬとすぐに腐り始める特徴を持っている。

滋賀県内にはかつて「鯖街道」と呼ばれた道が通っていた。鯖街道とは若狭の小浜から京都へ、多くの海産物や物資を運び、文化交流の道ともなった道のことで、代表的な海産物が鯖だったことからこの名が付いた。しかし、先述した通り、鯖という魚は足がはやい。そこで腐敗防止のため、運ぶ際には塩を施した。小浜の古文書に「生鯖塩して荷い、京へ行き任る」とあるから、塩をした鯖が京に着くころちょうどよい塩梅（塩加減）になったのだ。

鯖街道について、小浜には「京は遠ても十八里」という言葉がある。十八里とは約70キロ。インフラが整備されている現代では大したことのない距離だが、

人足や馬、船などが輸送手段だった時代ならそれなりの距離である。ただ、十八里はだいたいの距離で、鯖街道自体は複数存在した。メインルートは小浜から熊川宿を通り近江の朽木を通って、大原から出町へと至る若狭街道。他には小浜から北川の水路を使い馬で峠を越え、九里半街道から今津へ行き、琵琶湖の水運を使って京へ運ぶルート。さらに最短の針畑峠を越えて鞍馬に出るルートや、堀越峠を越えて高尾へつながるルート、美浜からマキノへ抜ける栗柄ルートもあった。行商人はこれらのルートを使い分け、道によっては夜通し歩き、出発した翌日には京に鯖を届けていたというから、驚くべき健脚である（昔の人は現代人よりはるかに歩くのが速かった

という説もある)。

さて、関東でいうところの「しめさば」は、京都では「きずし(生寿司・生鮨)」という。京都のきずしは小浜から京へ運ばれた塩漬けの鯖が起源。つまりもともとは保存食だ。きずしは作る際、かつての名残で、鯖の身を一晩ほど塩漬けにする。その後、酢にしっかりと浸けるため、漬け時間による違いもあるが、基本的に味が強い。東京では鯖本来の旨味を味わってもらおうともっぱら浅締めのしめさばを出す店が多いが、京都の店は、時間をかけて鯖の旨味、塩の塩味、酢の酸味を凝縮させていく。好みは分かれるだろうが、その味わいは庶民的な寿司屋で出される「よく締まったしめさば」とはまったく別物。まろやかで優しい味わいの伏見の酒とよく合う。

ちなみに滋賀県にも長浜に鯖を使った郷土料理がある。「焼鯖そうめん」や「鯖の早なれ寿司」がそれだ。長浜は若狭に近く、鯖街道の支流(北国街道を通るルート)が通っていたため、地元民にとって鯖は一般的な食材であった。ただ、いずれの料理もハレの日に食したというから、海なし県の人たちにとって、鯖自体はとても貴重な品だったのだろう。

第8章
近江人と移民のタッグで新「湖国」を誕生させよう！

「環琵琶湖連携」が地域格差を是正する!?

他地域への無関心が格差を生んでいる

本書の制作準備段階で、面積がそれほど大きくない滋賀県は、6つの山脈・山地に囲まれるという環境と共に、琵琶湖を中心にこぢんまりとまとまっている地味な県だろう、と筆者は勝手に推測した。ところが実際に蓋を開けてみると、予想が間違っていたことがわかった。滋賀は県内のまとまりが決して良くなかったのだ。

その元凶は、県民に豊かな恵みを与え続けてきた母なる湖・琵琶湖にあった。琵琶湖は県民のアイデンティティの源泉だが、どっかりと中央にあることで、地域の断絶を生み出す「壁」のような存在になってしまっているのだ。

とはいえ、県民はこの状況を別に気にしていない。事前に滋賀県民や出身者から、「琵琶湖は海じゃないから波があまり立たない。その琵琶湖を見て育った滋賀県民はさざ波のような状態を好む」と聞いていた。かなり抽象的な表現だが、生粋の滋賀県民は、仏教観に加えて商人気質を持ち合わせており、往々にして争いを好まない性格である（彦根は武士体質だけどね）。なので、「県内各地域が断絶している」「地域間のまとまりがない」といっても、対立しているわけではない。お互いが無関心で波風が立っていないだけだった。それに滋賀県民は「他人行儀でなかなか打ち解けない」ともいわれる。なるほど相手に無関心な要因は、排他的な気質にもあるのだろう。

滋賀は大まかにいえば4つの地域に分けられる。その4地域、湖東・湖西・湖南・湖北は、方角の前に「湖」が付くように琵琶湖を基準にして決められている。それぞれの地域は直線距離ではそう遠くない。しかし、琵琶湖のせいで、とくに湖東と湖西、湖南と湖北は、お互いの地域を異国扱いしてしまっている。つまり、県内に「近くて遠い国」が存在しているのである。このヘンな内部構造を変えていかなければ、問題視されている県南北の地域格差是正なんて、おそらく不可能であろう。

人口が増加する南部ばかり住み心地がよくなる

湖南や湖東は、県が推し進めてきた工業化の波に乗り、抜群の立地条件とインフラ整備によって続々と大工場が建設され、大きく発展していった。そして京阪地域のベッドタウンとして認知されるようになってからは移住が進み、人口も急激に増えていった。また、人口が増加したことによって街の都市機能はさらに充実し、住み心地も良くなった。移住を推進している行政が福祉や教育関連のサービスに力を入れたからだ。つまり、県の南部には地域が成長・拡大するための理想的なスパイラルが出来上がっているのである。

対照的に北部はうら寂しさをも感じるほどだ。湖北は東海や北陸に近く、東海道新幹線や高速道といった高規格インフラが走り、大工場もボチボチと見られる。けれど、湖西に目を向けると、高速道はなく、高速鉄道も湖西線の特急サンダーバードの一部が停まるだけ。京阪の奥座敷というと聞こえはいいが、これではまるで陸の孤島である。

北部の主産業は観光と農業だ。その中で長浜のように観光面で大健闘している都市はあるが、あくまでも「遊び場」であり、人の移住は少ないから、地域内の新陳代謝が進んでいかない。若者もどんどん流出する。そんなわけで働き手が足りず、外国人を労働力として迎え入れたりもしているものの、地域の将来を担う人材が流出するばかりでは、伝統的な地場産業などは廃れていってしまうことだろう。

琵琶湖間交流のあった時代を思い出してほしい！

県内の4地域は、同じ滋賀県にして使う言葉や文化が異なっている。けれど、そうしたことをひっくるめて「県内の異文化交流」をもっと活発にできないものだろうか？　各〝湖族〟の積極的な交流による地域間連携が、格差是正のポイントのように思うのだが。

昔、琵琶湖水運が栄えていた頃は近江各地の交流が盛んで、東西南北の行き来が活発に行われていた。各地域の琵琶湖岸の要所には湊が造られ、時には近江人同士が琵琶湖の覇権を争うくらい、本気でぶつかり合っていた。滋賀県民は争いを好まないというが、かつては非常にエネルギッシュでポジティブな地域間交流が存在していたのだ。荒々しくはあるが、その関係は実に人間的である。しかし、琵琶湖水運の衰退に合わせて、人々の交流は無くなっていった。湖東や湖南の人々が湖北や湖西に対して「もう行く理由があらへん」「別に行かんでもええやん」というのは、歴史を考えればあまりにもドライだ。

滋賀は車社会なので、琵琶湖の北側に橋を架ければ自然と交流は増えるかもしれない。しかし、技術的にも予算的にもそこに現実感は皆無だ（景観を乱すし必要ない）。ほぼ観光路線となっている今の船便を増便しても、地元民の足になることもあるまい。しかし、仮に琵琶湖対岸への移動を楽にする交通インフラを整備しても、行く目的がなければ両地域間の交流は生まれにくい。何であれ、県内の交流を頻繁にするための起爆剤が欲しい。

いびつといってもいい滋賀の現状。今こそ「環琵琶湖連携」の必要性が問われるべきである。

琵琶湖線沿線は京阪のベッドタウンとして新住民が大量流入。今も巨大マンションが続々と建設されている

昔は船による琵琶湖間交流が盛んに行われていた。しかし、もはや船は移動手段というより、観光用の側面が強い

いつでも京阪重視じゃ滋賀の将来は立ち行かない！

ちょっと京阪依存が強すぎるのでは？

前項で県内の地域間連携の話をしてみたが、ここでは県外との関係を踏まえた将来的な話をしていこうと思う。

滋賀県は東海道、中山道の結節点にあたる地域である。昔は西国と日本海を結ぶ役割を持った琵琶湖の水上交通も盛んだった。歴史上の権力者たちが近江を抑えることを至上命題としたのも、近江が国内きっての「交通の要衝」だったからである。と同時に、近江は「畿内の関所」的な性格を多分に持ち合わせていた。つまり、滋賀は人々の往来が盛んな地域でありながら、ことに畿内との関係が濃かったのだ。

そうした西へのベクトルの強さは、今もさして変わっていない（関西だからそれも仕方ないが）。湖南や湖東には京阪からの移住者が激増し、彼らは新快速を使ってスタコラサッサと京阪へと向かう。しかも京阪人の移住によって言葉使いや文化が京阪化してきている地域もあるという。県民目線が京阪方面に向くのはもはや必然の流れなのだ。

たとえば県の政策・土木交通常任員会がまとめた「滋賀交通ビジョン検討中間報告書（2012年）」を見ると、滋賀県を発着地点とする各府県との旅客流動で、滋賀県発の年間流動数（2007〜2009年の平均値）は、京都府が6700万6000人でダントツトップ。2位が大阪府で1298万3000人と京阪で2強を形成。以下はガクンと減って、福井県の436万6000人、奈良県の364万4000人、岐阜県の322万3000人と続く。このデータからも滋賀県民の京阪依存が容易に読み取れる。一方、滋賀県発の貨物流動のデータでは、大阪府が423万4000トンでトップ。以下は愛知県の282万2000トン、三重県269万9000トンと続く。貨物輸送に関しては人とは違い、阪神工業地帯と中京工業地帯という大工業地帯の中間に位置しているため、関西に限らず、中部側への流動も多く見られる。

リニアの開業による危機感は持つべき

滋賀には「広域交通のクロスポイント」という地理的優位性があるのに、京阪への一方通行じゃもったいない。それに、滋賀がいつまでこのポジションを維持できるのか、という不安もないわけではない。

不安要素のひとつはリニアの開業だ。東京、神奈川、山梨、長野、岐阜、愛知を通る「リニア中央新幹線（品川・名古屋間）」が、2027年に先行開業する予定だ。さらに2037年には名古屋から大阪に至るルートが開業する予定になっている。リニアが全線開業すれば、東京と大阪は1時間ちょっとで結ばれる。そのリニアは東海道新幹線のバイパス路線なのか、それともメイン路線として立場が逆転するのか？　新幹線沿線自治体は気が気ではなかろう。

リニアは運賃水準が思ったよりも安く（品川・名古屋間で新幹線よりも700円高い程度）、1時間あたり10往復運転が想定されている。断言はできないが、これでは東海道新幹線の需要に影響は出るだろうし、滋賀の交通上の優位性が低下することも考えられる。滋賀へのリニアの影響については楽観論もあるが、危機感は十分持っておいたほうがいい。

交通の要衝であればこそ滋賀の存在価値はある！

リニアに対抗するインフラがない以上、東海道方面で滋賀が躍起になるより、これまで比較的交流が少なかった地域にもっと目を向けるべきだろう。その中で注目したいのは北陸なのだが、ここにもまた鉄道面の懸念がある。

２０１５年、北陸新幹線の高崎・金沢間が開業、東京と金沢がようやく新幹線で結ばれた。この北陸新幹線は将来的に大阪まで延伸される。今後、２０２５年の開業を目途に敦賀まで延伸。問題はこの先で、ＪＲは敦賀駅から西進して小浜を経由、そこから南下して京都につなぐ「小浜・京都ルート」を正式採用した。滋賀にとってはここが最大の不安要素だ。何せ滋賀はルートから完全にハブられたのだ。２０１３年に関西広域連合から米原で東海道新幹線と合流するルート（米原ルート）の提案があり、既存のレールを使うことで手っ取り早く整備が進められる、費用対効果が高い、名古屋とのアクセス力も高いということで有望視されたが、ＪＲは米原ルートを選択しなかった。確かに利用者数の多さや便益の大きさで考えても、小浜・京都ルートはもっとも現実的で理に適っているのだが、滋賀はなんとかして米原のターミナルとしての価値を維持したかったはずである。

これでは滋賀の地理的優位性が完全消滅しかねない。天下人（信長、秀吉、家康）や近江商人など滋賀の主な歴史はほぼ「交通の要衝」という地理的優位性の上に成り立ってきた。つまり、米原か湖西どちらかのルートが選択されず、リニアと北陸新幹線によって東海道、北陸道という「交通の両翼」をもがれる可能性がある以上、今後の滋賀は湖上交通を失った近代のように、暗黒の歴史を刻んでいくことになるかもしれない。

滋賀の根幹を脅かす問題が持ち上がっている今、全方位的に滋賀はアピールすべきだ。力を入れるベクトルは「東」。密な関係を結ぶべきはやはり中部、とくに名古屋だろう。

関西圏の移動における新快速の利便性は相当。運転区間の延長により、滋賀と京阪の距離はグッと縮まった

北陸新幹線の敦賀以西の延伸ルートで、滋賀県は米原のターミナル駅としての価値を維持したく米原ルートを推していたのだが……

新「三方よし」の精神で新たな湖国を作り出せ！

新住民の急増で歪みは確実に出ている

「滋賀は地味やなあ」

滋賀県民にすれば、耳にタコができるくらい聞かされているフレーズかもしれない。でもなぜ滋賀は地味なのか？　いろいろ理由はあるだろうが、一番は「滋賀県民が目立とうとしていないから」じゃなかろうか？　大阪人のように「目立ってなんぼ」の気質は滋賀人にはない。奥ゆかしいのだ。

だが、滋賀は不思議である。今回の取材で県内をグルッと回って感じたのは、さまざまなことにおいて「めっちゃ極端」で「振れ幅がデカい」ということだった。たとえば、古めかしくも趣きのある古刹や史跡の近くに現代的な大型マンションが建ち、あるいは線路を挟んで片や田んぼと畑、片や大型商業施設と工場が建っていたりする。ニュータウンのそばには風俗街。江戸の名残が残る街並みの中に大正ロマンの観光施設。若者ばかりの地域と高齢者ばかりの地域。南北における経済格差。平成の大合併では行政区域（湖西）が丸ごと合併などなど。滋賀にあるモノ、そしてやることなすことがけっこう極端。滋賀県民がアンビバレント（二面性）といわれるのもよくわかる。

でも、こうしたゆがみや二面性が目立ってしまう要因は、新住民の急増にもある。近年の滋賀で注目に値するトピックのひとつが、急激な人口増加である。国勢調査では、２００５〜10年の人口は2・１７パーセント増で増加率は全国5位。２０１０〜15年は０・１５パーセント増で全国7位。ここにきて人口の増加はかなり緩やかになっているが、将来的には沖縄と東京に次いで人口の減り方が少ない地域と予測されている。

ただ、人口増加は地域の発展をうながす一方で、その地域はシワ寄せも受ける。これだけヨソから多くの人が移住し、地元民のコミューンと交われば、伝統気質にも多少の変化は出よう。さらに、急激な都市化に地元が追い付かないから、場当たり的な開発をして街並みがおかしなことになったりもする。

本書のメインテーマに掲げたのは「新住民急増によって意外な発展を遂げた滋賀」である。最後に滋賀のこれからについて、主に「新旧住民」に焦点を当てながら、私感を交えつつ提言させていただこう。

新住民は古い社会に新陳代謝をもたらすのか？

２０１１年に滋賀県は「住み心地日本一の滋賀プラン」なる計画案を策定した。同案は8つの未来戦略プロジェクト（子育て支援、就労支援、医療福祉、自然エネルギー振興、琵琶湖再生、企業支援、地場産業推進、安全対策）を掲げて、住みやすい滋賀を作ろうとするものである。県をあげて住環境を整え、「どうぞおいでやす」と移住者を待っているわけだ。まあ、今でこそ人口の増え方は落ち着いているが、暮らしやすいと評判になっているだけに滋賀への流入者は絶えることがないだろう。そしてもはや新住民の存在は、旧住民が無視することができないほど大きなものになってもいる。

新住民のメインである若いファミリー層は、伝統的な旧住民ファミリーとは考え方が基本的に異なっている。たとえば滋賀の旧住民の夫婦のあり方には、「妻は見栄っ張りな夫を立てる」「夫が何を言わずとも求めているものを妻は理解する」「夫が働いて妻は家を守る」など、いわゆる男尊女卑的な関係性がある（とくに高齢者）。ゆえに旧住民の考え方は基本的に保守的だ。一方、移住ファミリーは共働きというケースも多く、お互いが仕事と家庭の両立を図っている。こちらは基本的に革新的なモノの見方をする。

この場合、古さ（旧住民）と新しさ（新住民）が交わって、考え方がその中間に落ち着くということはまずない。お互いに譲らず、パワーバランスはどちらかに傾く。いい例が政治だ。２００６年、保守王国の滋賀に政治の世界とほぼ無縁だった嘉田由紀子知事が誕生したのは、新住民の急増によって起きた変化だったに違いない。また、移住民の流入によって人口がもっとも増加した大津に女性市長が誕生したことも象徴的な事例だろう。そして現在の知事は嘉田氏の後継者的存在で、そのパワーバランスはいまだ革新に傾いている。それはいわば新住民の力の強さを示している。ただ、目立てば杭を打たれるのは世の道理で、滋賀の政治のパワーバランスは革新から再び保守に移るかもしれない。だが、こうした新旧変化は滋賀にとって逆に功を奏するのではないか？　なぜなら変化というのは「新陳代謝」の源だからだ。

バリバリの保守で歴史がプライドを作っているような旧住民は意固地である。新住民も暮らしやすい環境を求めて移住してきたくらいだから、こだわりがあるし意固地である。でもお互いに嫌なら何も無理に合わせようとすることはない。ただ、滋賀県民は「争いごとを好まず、相手に対して無関心」だが、とりあえず交流を持ち、たとえ平行線の議論に終始するにしても、お互いに考えを主張し合うようになって欲しい。そうなれば自然と地域も活性化していくことだろうし、ひいてはそれが滋賀の発展にもつながるはずである。怖いのは相手に対する無関心と無視による断絶だろう。

滋賀ならではの個性の打ち出しは旧住民がいてこそ可能！

冒頭で「滋賀は地味」と言われることが多いと書いたが、その要因のひとつはPR下手にある。全国的に比叡山延暦寺が京都のお寺だと思われていたりするのも、情報の発信力が足りないからだ。

ブランド総合研究所による地域ブランド調査の魅力度ランキングでは、滋賀は47都道府県中28位（２０１７年）。かつては30位代後半だっただけに改善はされた。それでも近畿地方の２府５県では和歌山、三重と共に僅差で最下位を争っている。近畿はレベルが高く、すぐお隣の京都は２位、奈良は６位、大阪は７位、兵庫は12位だから二極化が甚だしいが、この差を埋めるのは並大抵のことではない。

滋賀がPR下手なのは、旧住民に「PRなんかして滋賀に人がぎょうさん来たら嫌や」という考え方があるからともいわれる。平穏な暮らしを望む旧住民にとって、実は観光客なんて邪魔なヨソ者なのだ。こうした、時に後ろ向きになってしまう旧住民にくさびを打ち込める存在が、滋賀には必要だろう。

最近の滋賀観光の代表的成功例といえば、長浜の「黒壁スクエア」であり、近江八幡の「ラ コリーナ近江八幡」だ。長浜では街の貴重な建造物を失うことに危機感を抱いた地元企業家が集まり、観光事業の新会社を設立。そしてできた黒壁スクエアの存在は観光客の誘致のみならず、地元店にも活気をもたらし、商店街のシャッター通り化をも食い止めた。黒壁スクエアのオープン当初は地元商店街の反応も冷ややかだったというから、旧態依然としたままだったら今ごろ長浜は寂れていたことだろう。一方のラ コリーナ近江八幡は、それ自体が将来の近江八幡の名物・姿になると考え、地元の老舗菓子屋がつくった大型スイーツショップである。伝統を守るためにはマイナーチェンジも辞さないという柔軟性と時代の流れを読むセンスの良さで、県内外から多くの客を集めている。両者に共通しているのは「旧態依然からの脱却」と「地元志向」で、新住民というより、旧住民から旗振り役が出てきたところが興味深い。

また、同じことは大津のおごと温泉にもいえる。地元旅館の若手経営者が旅館と温泉地の改革に乗り出し、アクセス道の無料化や駅名変更など行政も動かして、新たな「おごと」を作り上げた。こちらも旧態依然とした環境に一石を投じた格好である。

もちろん古い考え方が不要というのではない。郷土愛というのは「保守思考」であり、歴史を通じて育まれた地元の個性は、頑固な地元民によって守られているといっても過言ではない。大津を取材中、ある老舗店のお父さんが「京都の店なんてうちに比べれば大したことあらへん」とおっしゃっていた。いかにも頑固な旧住民らしいが、歴史と実績に裏打ちされた自信と矜持は本物であり、これを捨ててしまったら、郷土というものはなくなってしまう。

結局は新旧のバランスが重要なのである。たとえばの話、寂れた北部に人を呼ぶために巨大なアミューズメント施設を作ろうとか、琵琶湖に横断橋を架けようなんてアイデアは突飛だが、滋賀の個性を生かすものではない。そういうことである。

本書の執筆にあたって近江商人のことを調べたが、彼らが出世した要因は類まれなバランス感覚にあると感じた。取引が社会全体の幸せにつながるものでなくてはならず、そのための「三方よし」という考え方は、現在の滋賀における共存共栄の格好の道標である。「三方よし」を今の滋賀に置き換えるなら、「旧住民よし」「新住民よし」そして「滋賀よし」となるのだろうか。

伝統の湖族の中に大量の移民を迎え入れて発展する滋賀。古くからの「三方よし」の精神は、新たな「湖国」を作る原動力ともなるだろう。

なるべく静かに平穏に暮らしたい旧住民の考え方は基本的に保守的だ。もちろんそこに良さもあるが、弊害もある

若い新住民が流入して湖南・湖東を中心に街が変わり、人々の考え方にも変化が出てきた。ただ、それはあくまでも南部の話

県の住み心地アップ計画はかなりうまく行っている様子。今後は観光面も含めて滋賀県のブランド力を上げたいところ

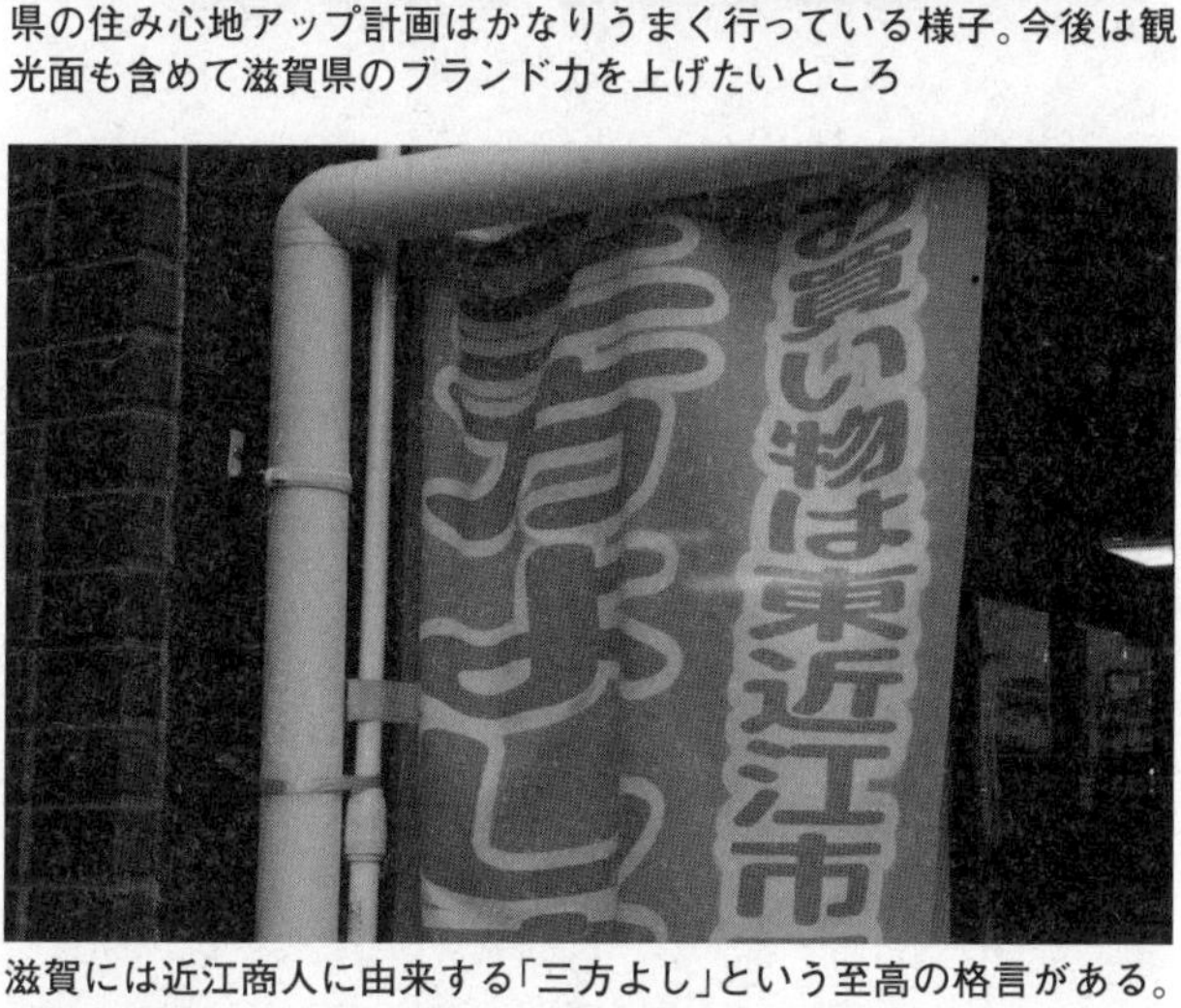

滋賀には近江商人に由来する「三方よし」という至高の格言がある。この考えがベースにある限り、滋賀の衰退はなかろう

あとがき

昔から琵琶湖と共に発展してきた滋賀県は「湖国」とも呼ばれる。とすれば、湖国に住んでいる滋賀県民を「湖族」と言ってもさしつかえあるまい。湖族というとアマゾンかどこかの先住民のようにも聞こえるが、滋賀県民は商魂に長けた文明人である（アマゾンにも文明に触れて商売っ気を出した先住民はいるらしいけどね）。

琵琶湖がある滋賀には古くから農産物が豊かに実り、東西南北に通じる交通の要衝だったため、市がたくさん立ち、商業が盛んになった。やがて当地の商人は京都をはじめとして全国各地へ行商に出かれるようになり、かつて物資の集積地だった大阪（大坂）に進出して店を開いた。さらにそこを前線基地に全国展開を図り、大都市の京都や江戸にも大店をつくった。つまり、大阪商人の中核は近江商人であり、大阪商人のがめつさの由来は「近江（湖族）にあり」ということもできる。だが、近江商人はもともと商いに対して正直と堅実をモットーとしてきた。近江に根を下ろした浄土真宗の影響で、良い品物を選んで売るという信用商売がベースにあり、がめつさとは無縁の商売をしてきたのだ。ただ、そうした部分が露わになったのは明治半ば以降といわれている。店の拡大を目指して販路食い込みに焦るあまり、商売の方法にがめつさが出始めたのだそうだ。しかもそれがあまりにも露骨だったため、「近江商人は骨までしゃぶる」と揶揄されることにもなった。

だが、近江商人のモットーを変えたそもそもの要因は、進出した大阪の風土にあったのではないだろうか。大阪はせっかちで効率を重視する土地柄。大阪人は商売にスピード感を重視、小さなハコ（店）で大きな利益をどう上げるかを考える性質だ。その類まれなバイタリティーに負けまいとして、近江商人の商売ががめつくなったとは考えられないか。「近江は盗賊、伊勢は物乞い」という言葉がある。これは「窮乏した時に近江の人は積極的で盗賊もやってのける。伊勢の人はおとなしいから物乞いをする」という意味である（諸説あるが）。つまり、近江商人は根っこの部分が非常にポジティブで、危機に際して手段を選ばない非情さを持ち合わせているのだ。おそらく大阪という土地で生き残るためには信条を変えざるを得なかったのだろう。ただそれは近江商人のある意味「進化」だろうし、思考の柔軟性や先見性、危機察知能力の高さの発露であって、決して非難されることではない。

本書の取材で滋賀県を何度か訪れ、古くから滋賀で暮らしてきた湖族（地元民）たちと話をする機会にも恵まれたが、彼らは滋賀の地味で暗いイメージとは異なり、非常にバイタリティーに富んでいた。大阪人のように見た目から明るい感じではないが、ソフトで人当たりがよく、こちらの質問に対して、質問以外のことまで答えてくれた。地域問題にも非常に熱心で、自分の街のダメなところや良いところも熱く語ってくれる。常に冷静で他人行儀（とくに彦根民）と聞いていたのだが、それはほとんど感じられなかった。

これは先の近江商人と同じような進化、いわば民族的な進化なのではないだろうか。近年の滋賀は関西でもとくに移住が多い地域である。どこの誰とも知らないヨソ者が地元（古い社会）にどんどん入ってくる。全国にはそうしたヨソ者の流入を快く思わず、移住してきた人たちを村八分にしたり、あごで使ったりするなど、酷い扱いをする地域も実際にある。だが、湖族は違う。新住民がとくに多い草津を筆頭に琵琶湖線沿線の街では、新旧住民のコミュニケーションがけっこううまくとれている。その鍵となっているのは新住民ではなく旧住民で、どちらかといえば旧住民側から歩み寄り、門戸を開いているから新住民も溶け込みやすい。

付き合いはほどほど。いつまでも打ち解けないともいわれてきた湖族にしてこの対応力。絶対に変えられない芯の部分は持ちつつ、状況によって思考や対応を変えられる湖族が暮らす滋賀県。平均寿命が日本一長く、関西でもっとも住みよい県なのは、そうした柔軟性からくるストレスフリーな社会が構築されているからかもしれない。

筆者は生まれも育ちも滋賀県と無縁の人間だが、ただひとつ共通点がある。「湖族」という点だ。筆者は日本で2番目に広い湖のすぐそばで生まれ育った。琵琶湖と比べるのはおこがましいが、巨大な湖がさまざまな恵みを与えてくれるのを知っている。豊潤な水がたゆたう湖なんて得ようと思って得られるものではない。そばにあるだけで幸せなのだ。

人と自然に恵まれた滋賀はこれからますます繁栄することだろう。

岡島慎二

参考文献

・畑中誠治　井戸庄三　林博通　中井均
藤田恒春　池田宏
『滋賀県の歴史』　山川出版社　2010年
・滋賀県立琵琶湖博物館／編
『生命の湖　琵琶湖をさぐる』　文一総合出版
2011年
・田中真人　宇田正　西藤二郎
『京都滋賀　鉄道の歴史』　京都新聞社　1998年
・今谷明
『近江から日本史を読み直す』　講談社　2007年
・網野善彦
『日本の歴史をよみなおす（全）』　筑摩書房
2005年
・新人物往来社／編
『日本の古代史ミステリー　謎解き散歩』
新人物往来社　2010年
・サンライズ出版編集部／編
『近江商人に学ぶ』　サンライズ出版　2003年
・末永國紀
『近江商人学入門　CSRの源流「三方よし」』
サンライズ出版　2004年
・小倉榮一郎
『近江商人の理念　近江商人家訓撰集』
サンライズ出版　2003年
・渡辺守順
『近江商人』　教育社　1996年

・中山敬一
『ええほん滋賀の方言手控え帖』
　サンライズ出版　２０１２年
・週刊東洋経済編集部
『週刊東洋経済　２０１２年10月13日号』
　東洋経済新報社　２０１２年
・祖父江孝男
『県民性』　中央公論社　１９７１年
・祖父江孝男
『県民性の人間学』　筑摩書房　２０１２年

【サイト】
・滋賀県
http://www.pref.shiga.lg.jp/
・大津市
http://www.city.otsu.lg.jp/
・草津市
http://www.city.kusatsu.shiga.jp/
・守山市
http://www.city.moriyama.lg.jp/
・栗東市
http://www.city.ritto.shiga.jp/
・野洲市
http://www.city.yasu.lg.jp/
・甲賀市
http://www.city.koka.lg.jp/
・湖南市
http://www.city.konan.shiga.jp/

・東近江市
http://www.city.higashiomi.shiga.jp/

・近江八幡市
http://www.city.omihachiman.shiga.jp/

・彦根市
http://www.city.hikone.shiga.jp/

・米原市
http://www.city.maibara.lg.jp/

・長浜市
http://www.city.nagahama.shiga.jp/

・高島市
http://www.city.takashima.shiga.jp/

・日野町
http://www.town.shiga-hino.lg.jp/

・竜王町
http://www.town.ryuoh.shiga.jp/

・愛荘町
http://www.town.aisho.shiga.jp/

・豊郷町
http://www.town.toyosato.shiga.jp/

・甲良町
hhttp://www.kouratown.jp/

・多賀町
http://www.tagatown.jp/

・京都府
http://www.pref.kyoto.jp/

・京都市
http://www.city.kyoto.lg.jp/

・伊賀市
http://www.city.iga.lg.jp/

・厚生労働省
http://www.mhlw.go.jp/

・文部科学省
http://www.mext.go.jp/

・経済産業省
http://www.meti.go.jp/

・国土交通省
http://www.mlit.go.jp/

・農林水産省
http://www.maff.go.jp/

・総務省
http://www.soumu.go.jp/

・内閣府
http://www.cao.go.jp/

・国立教育政策研究所
http://www.nier.go.jp/

・国立社会保障・人口問題研究所
http://www.ipss.go.jp/

・ＪＲ西日本
https://www.westjr.co.jp/

・ＪＲ東海
http://jr-central.co.jp/

・京阪電気鉄道株式会社
http://www.keihan.co.jp/

・近江鉄道
http://www.ohmitetudo.co.jp/

・信楽高原鐵道
http://koka-skr.co.jp/

・北陸新幹線建設促進同盟会
http://www.h-shinkansen.gr.jp/

・ＮＥＸＣＯ西日本
http://www.w-nexco.co.jp/

・滋賀県警察の広場
http://www.pref.shiga.lg.jp/police/

・京都新聞
http://www.kyoto-np.co.jp/

・滋賀報知新聞
http://www.shigahochi.co.jp/

・日本経済新聞
http://www.nikkei.com/

・毎日新聞
http://mainichi.jp/

・日本自動車工業会
http://www.jama.or.jp/

・東洋経済オンライン
http://toyokeizai.net/

・滋賀県観光情報
http://www.biwako-visitors.jp/

・黒壁スクエア
http://www.kurokabe.co.jp/

・天台宗総本山 比叡山延暦寺
http://www.hieizan.or.jp/

・近江神宮
http://oumijingu.org/

・おごと温泉観光協会
http://www.ogotoonsen.com/

・滋賀県立野洲高等学校
http://www.yasu-h.shiga-ec.ed.jp/

・滋賀県立八幡商業高等学校
http://www.hassho-ch.ed.jp/

・近江高等学校
http://www.ohmi-h.ed.jp/

・株式会社 平和堂
http://www.heiwado.jp/

・ガソリン価格比較ｇｏｇｏ．ｇｓ
http://gogo.gs/

・滋賀県特殊浴場協会
http://www.ogoto.net/

・鳥人間コンテスト
http://www.ytv.co.jp/birdman/

●編者

岡島慎二

1968年茨城県生まれ。全国各地をめぐり、地方自治やまちづくりのあり方について取材するかたわら、土地に根付いた酒場で杯を傾けるのを何よりの楽しみとしているライター兼編集者。チェーン系飲み屋が多い滋賀県だが、浜大津界隈のアーケードや路地裏には酒飲みの琴線に触れる店も多く、なかなか楽しゅうございました。

鈴木士郎

1975年東京都生まれ。編集者・ライター。出版社を経てフリー。地域批評シリーズ創刊より編集スタッフ、編著者として携わる。近刊は『日本の特別地域 特別編集79 これでいいのか千葉県船橋市』。『東北のしきたり』（岡島慎二と共著・共にマイクロマガジン社）。

地域批評シリーズ㉘　これでいいのか 滋賀県

2018年　9月18日　第1版　第1刷発行
2018年10月26日　第1版　第2刷発行

編　者　岡島慎二
　　　　鈴木士郎
発行人　武内静夫
発行所　株式会社マイクロマガジン社
　　　　〒104-0041　東京都中央区新富 1-3-7 ヨドコウビル
　　　　TEL 03-3206-1641　FAX 03-3551-1208（販売営業部）
　　　　TEL 03-3551-9564　FAX 03-3551-0353（編　集　部）
　　　　http://micromagazine.net/
編　集　髙田泰治
装　丁　板東典子
イラスト　田川秀樹
協　力　株式会社エヌスリーオー
印　刷　図書印刷株式会社

※定価はカバーに記載してあります
※落丁・乱丁本はご面倒ですが小社営業部宛にご送付ください。送料は小社負担にてお取替えいたします
※本書の無断転載は、著作権法上の例外を除き、禁じられています
※本書の内容は 2018 年 8 月 18 日現在の状況で制作したものです。
©SHINJI OKAJIMA & SHIRO SUZUKI

2018 Printed in Japan　ISBN　978-4-89637-814-6　C0195
©2018 MICRO MAGAZINE